世界顶尖投资权威的告白
价值投资的真谛

陈惠仁——著

THE VALUE INVESTORS
Lessons from the World's Top Fund Managers

中国人民大学出版社
·北京·

推荐序

很多学习投资的学生爱找寻一些投资方程式,希望结合会计学和外围信息便能得出可观的投资回报。就连价值投资学派创始人本杰明·格雷厄姆(Benjamin Graham)也曾不断寻找这一投资方程式。然而,不少人一方面努力钻研投资手册,另一方面阅读不同投资名人的回忆录,可是他们往往失望地未能发掘出这一公式,也许必胜的投资秘籍实际上是不存在的。

首先,单凭投资技术分析就能在市场上制胜的投资者少之又少,再者此类好书并不多,经典著作有乔尔·格林布拉特(Joel Greenblatt)的《你也能成为股票天才》(*You Can be a Stock Market Genius*)和格雷厄姆及多德(Dodd)合著的《证券分析》(*Security Analysis*)。

其次,出色投资者的回忆录大多着墨于人生哲学及投资理论,并非选股策略,而这些书的结论大多认为投资者的成功在于他们本身性格,并非数学上或投资上的计算技巧。不同的回忆录各自对某种性格特质表达了独特的观点,也就是这性格特质致使投资成功,例如有些人强调求知若渴、虚怀若谷,有些认为成功必须开阔眼界、独立分析、评估风险,或冷静而有耐心等。虽说学习投资的学生要集合这些大师的不同特质,但世上能同时拥有上述优点的人却真是寥寥可数。

因此,陈惠仁撰写了这本有意义的书籍。他详尽而严谨地描绘了一些世界知名的价值投资者,涵盖了好几代出色的投资巨人，由沃尔特·施洛斯至欧文·卡恩，以至威廉·布朗；更覆盖了广阔的地域，从亚洲至欧洲甚至美洲等。本书融合了他们不同的性格特质，论述了简单易明的价值投资方法，将投资策略逐一介绍。对每一位务实的价值投资者来说，这本书提供了很多实用资料，让其可以从历史中领悟出最适合自己的投资方法。陈惠仁的著作对新进价值投资者来说是重要的起步点，对有经验的投资者来说也是宝贵的参考书。

布鲁斯·C. N. 格林沃尔德（BRUCE C. N. GREENWALD）
哥伦比亚大学商学院海尔布伦投资中心主任
财务及资产管理学科的罗伯特·海尔布伦教席教授

自序

不要成为成功的人，要成为有价值的人。

阿尔伯特·爱因斯坦（Albert Einstein）
美国科学家

  在我大学毕业后，父亲给了我一些宝贵的忠告，指出在创业上必须避开三件令人烦恼的事：员工、租金及存货。首先，大公司容易出现办公室政治，所以父亲建议我从事人力资源较少的行业。其次，他认为如香港这般的世界级商业城市，因为租金昂贵，所以选择占地较小的办公室相对理想。最后，由于处理拥有存货的业务需要大量人力资源和空间，所以要避免以存货为主的业务。

  我用心聆听父亲的忠告，寻找符合这三项条件的业务，而投资管理正好是最理想的选择。我的脑袋就是最好的员工，办公室面积也只须容纳数张写字台，而存货就是记录在经济账户中的投资持仓。

  尽管投资管理的工作可以避开上述令人头痛的问题，但要成为成功的投资经理仍要面对相当大的挑战：我必须对财经市场有广泛认识、对市场的变化能做出适当调整、具备审慎的投资策略以持续获取理想回报，以及具备一套合理而可行的投资哲学以制订正确的投资模式。

  为了发展一套属于自己的投资哲学，我阅读了本杰明·格雷厄姆的著作，然后认识到沃伦·巴菲特的非凡投资成就，进而意识到价值投资法实在的道理。正如格雷厄姆所说，价值投资就是"经过详细分析后的投资行为，既能保障本金，又能产生合理回报"。

另一方面，巴菲特说的话也不容忽视，他说："假如投资不是为付出的资本寻找相对更大价值的话，那算是投资吗？有意识地以高于其真正价值的价格购入股票，目的只是希望在短期之内能够以更高价格沽售，这种行为叫做投机。"

当我成为价值投资者后，便开始探讨不同类型的价值投资法，以求扩大业务及投资机会。最初，我以为最完美的评估价格公式是投资制胜之道，但很快便发觉事实并非如此；原来，分辨一般投资者和卓越投资者取决于他们的投资心态，以及是否有正确的投资态度。

这驱使我进一步探索那些杰出价值投资者的心态和生活故事。然而，找到的只是他们的简历、投资记录及对市场的预测。尽管他们的成就被世界公认，大家似乎只关注他们展望市场的观点及近期的投资表现，至于他们到底是怎样的人物、来自什么背景，如何达到今天的成就，并没有太多人在意。

本书的大纲开始逐渐展现了。我想，如果能够听听这些受到世界高度评价的价值投资者的生活故事，探索他们的投资心态，以及透视他们的成长和就业历程，也许可以了解他们眼中价值的真义？然而，为何不同年龄、不同文化的投资达人却可以分享相同的投资理念？

我决定写一本与众不同的投资书籍，不会集中讨论某种投资比率或公式；相反，会着墨于人生际遇和经验如何直接或间接地影响一个人的投资思维及策略。书中不会介绍各个投资巨人的业绩记录。毕竟，他们都是市场上的资深投资者，不论是他们的性格、工作经验或长期的投资成绩，都已赢得同行尊崇。例如，今年已106岁的欧文·卡恩（Irving Kahn）活跃于投资市场已超过84年；而曾被巴菲特推崇为"格雷厄姆和多德都市的超级投资者"的沃尔特·施洛斯，也深受投资界的认同。

为了展现不同文化及年龄的投资策略，我访问了五位来自北美洲、四位来自亚洲及三位来自欧洲的价值投资者。其中某位拥有不同文化经验，例如邓普顿新兴市场集团（Templeton Emerging Markets Group）的马克·莫比乌斯（Mark Mobius），他在美国纽约出生，但在亚洲生活了超过40年，而法籍投资者吉恩-马里·艾维拉德（Jean-Marie Eveillard）在接近40岁时移居到美国定居。这些投资巨人受到不同文化及经验影响，所以他们对价值也有不同的看法。

尽管书中介绍的人物全都拥有杰出的投资业绩，但他们却来自社会不同阶层，所以对价值也有不同的诠释。例如，中国香港惠理基金（Value Partners）的主席兼投资总监谢清海，他在新闻界工作了15年，然后成为证券分析师，再成为一位基金经理；西班牙Bestinver资产管理公司的弗朗西斯科·柏拉玛（Francisco Paramés）在1993年时，因为一次的偶然机会成为一位基金经理，其投资业绩一直跑赢西班牙大市，而他评估价值的能力完全是自学成才的。

总部位于东京的史巴克斯集团（SPARX Group）总裁安倍修平（Shuhei Abe），是一位低位吸纳的投资者，所以从未想过要把股票沽空，直至日本"迷失的十年"时代，他意识到日本正经历经济萧条，所以必须制订一套新的长短仓策略（long-short strategy）投资，以长、短仓持股获利，才令公司安然度过经济萧条。

　　总的来说，这本书告诉我们，价值投资法并不是古老及老套的投资策略，而是不断变化及进步的方法。尽管书中所介绍的人物故事各有不同，但他们都具备相同的性格特质，更重要的是，他们拥有相近的性情。正如巴菲特所提出："即便你的智商指数达到 125 或以上，与投资成功与否并没什么关联。其实只要拥有一般的智力，胜负关键取决于投资态度及自我控制能力。

陈惠仁
2021 年 10 月

目录

第一章　股神眼中的超级投资者
沃尔特·施洛斯（Walter J. Schloss）
沃尔特及埃德温·施洛斯联合基金公司

经历大萧条 4
生存的意义 7
Net-Net 股 8
设定正确的步伐 12
认识自我 16

第二章　华尔街的那些年
欧文·卡恩（Irving Kahn）
卡恩兄弟集团

成为格雷厄姆的门生 24
宣扬价值 27
百岁老人的饮食 32

第三章　逆向价值投资大师
托马斯·卡恩（Thomas Kahn）
卡恩兄弟集团

改良的格雷厄姆投资法 39
鲜为人知的证券 42
投资没有退休年龄 45

第四章　全方位企业分析师
威廉·布朗（William Browne）
特威迪布朗基金公司

价值的绕道 51
统计学以外的价值领域 53
设定全球性标准 55
投资是社会科学 58
市场前瞻 60

第五章　时间炼金术师
吉恩·马里·艾维拉德（Jean-Marie Eveillard）
冠鹰基金公司

泪之谷的投资态度 66
低效率市场 68
价值的真谛 70
对泡沫勇敢说"不" 73
寻找价值保障 75

第六章　西班牙股神
弗朗西斯科·加西亚·柏拉玛（Francisco García Paramés）
Bestinver 资产管理公司

自我探索价值之路 83
投资简单化 86
奥地利经济学派 88
重整全球资金组合 92

第七章　战胜大崩盘的英国智者
安东尼·纳特（Anthony Nutt）
木星资产管理公司

维多利亚时代的投资心态 101

寻找正确投资文化 103
只相信实质收益 105
勇于向前 109

第八章　新兴市场教父
马克·莫比乌斯（Mark Mobius）
邓普顿新兴市场集团

学习的智慧 114
大处思考，小处留神 117
危中有机 119
市场感应 123

第九章　精通政治及经济的企业家
丁玉龙（Teng Ngiek Lian）
目标资产管理公司

逆向思维的艺术 132
建立优质目标 134
价值相对论 136
成就价值人生 138

第十章　日本最大上市投资机构的创办人
安倍修平（Shuhei Abe）
史巴克斯集团

一切从音乐开始 145
打破语言障碍 147
与时俱进的投资思维 150
打造西化的日本 152
寻找不一样的价值 154

第十一章　永恒的价值思想
叶维义（V-Nee Yeh）
惠理集团有限公司

多学科的人生旅途 ………………………………………… 160
寻找合适的价格 …………………………………………… 163
寻找价值合伙人 …………………………………………… 164
发掘价值人才 ……………………………………………… 167
成为价值投资者 …………………………………………… 169

第十二章　亚洲价值投资先锋
谢清海（Cheah Cheng Hye）
惠理集团有限公司

从投资专卖店开始 ………………………………………… 177
建设价值庙宇 ……………………………………………… 179
工业化的投资程序 ………………………………………… 181
价值大跃进 ………………………………………………… 185

第十三章　寻找价值

投资：从谦卑出发 ………………………………………… 190
评估价值的艺术 …………………………………………… 192
投资灵感源于阅读 ………………………………………… 193
企业分析，宏观视野，相辅相成 ………………………… 194
离场的艺术 ………………………………………………… 196
价值投资者的制胜之道 …………………………………… 197

沃尔特·施洛斯
（Walter J. Schloss）

沃尔特及埃德温·施洛斯联合基金公司
Walter & Edwin Schloss Associates

第一章
股神眼中的超级投资者

> 那些未能摧毁我的，它使我变得更坚强。
>
> 弗里德里希·威廉·尼采（Friedrich Wilhelm Nietzsche）
> 德国哲学家

沃尔特·施洛斯是价值投资法（Value Investing）之父本杰明·格雷厄姆（Benjamin Graham）的门生，他自20世纪30年代起开始发掘美国的低估值证券，在1946年加入了格雷厄姆创办的格雷厄姆·纽曼合伙公司（Graham-Newman Partnership）担任证券分析师，至1955年格雷厄姆退休后，施洛斯便自立门户，创办了瓦尔特·施洛斯及合伙人公司（Walter J. Schloss and Associates），20世纪60年代，他的儿子埃德温加入，公司便于1973年正式易名为沃尔特及埃德温·施洛斯联合基金公司。

施洛斯以10万美元资金创立沃尔特·施洛斯及合伙人公司，它的信托模式有别于一般同类型基金，不是收取固定管理费，而是分享客户所赚取利润的25%。公司所管理的基金总额曾一度高达3.5亿美元。在1956—2002年，公司的平均每年回报率高达16%（约等于利润分享前为21%），跑赢了同期标准普尔500指数的10%回报率。

尽管6%的差异听起来微不足道，但以复利率计算，用46年时间及1万美元本金投资于标准普尔500指数基金可赚取接近90万美元利润，但以同等资金投资于施洛斯的基金公司，回报则可高达1 100万美元。

2012年2月19日，沃尔特·施洛斯于美国纽约曼哈顿家中病逝，终年95岁。

施洛斯有一个著名的绰号"格雷厄姆及多德都市的超级投资者"（Super-investor from Graham-and-Dodd-sville）。

2006年，巴菲特在伯克希尔·哈撒韦（Berkshire Hathaway）致股东的书信当中向施洛斯致敬，他表示，虽然施洛斯没有进过商学院或上过大学，也没有聘请任何分析师，而且唯一的工作伙伴就是他的儿子埃德温，但沃尔特·施洛斯的投资公司出色而成功。如果没有为客户投资赚到回报，他们绝不向客户收取一分一毫。

在巴菲特致股东的信中又提到：1989年，沃尔特及埃德温父子接受《杰出投资人文摘》访问时被问道："你会如何归纳你们的投资策略？"埃德温的答案很简单："我们的策略就是低价买入股票。"巴菲特说："如此看来，现代的投资组合理论、技术分析、宏观经济学概念及许多复杂的运算法，对他们来说似乎都是多余的。"

巴菲特表示，他第一次公开谈及施洛斯的骄人投资成绩是在1984年，当时大多数主流商学院都以效率市场理论（efficient market theory, EMT）作为核心投资课程。巴菲特说："根据效率市场理论,对于只运用公开信息的投资人来说,他们不能期望可以超越股票市场的整体表现(尽管小部分幸运儿能够做得到),但我在23年前提到施洛斯时,他出色的投资记录已狠狠地击倒了这套市场理论。"

可是,商学院的投资教材没有参考施洛斯的成功,也没有以他作为特殊例子公开研究,反之将效率市场理论奉若必然正确的"圣经",开心地继续讲授其中的意义。巴菲特指出,"由于大部分年轻人的思想都被不正确的投资理念所误导,沃尔特表现继续超越市场,他的工作更加容易和轻松。假如你从事船务业,你的竞争对手都被灌输了地球是平坦的,这对你不是非常有利吗?对于施洛斯的投资客户来说,也许沃尔特没有上过大学或商学院是值得庆幸的事。"

经历大萧条

沃尔特·施洛斯在1916年出生于纽约市。他回忆:"当我出生时,世界正陷于战争之中,而流感又在美国本土蔓延着,我的母亲伊夫林害怕进医院会受到病毒感染,便决定在家中把我生下来。"

在施洛斯出生后的两年间,欧洲爆发的"西班牙流感"向全球扩散。施洛斯的家人害怕受病毒感染,便在1918年举家移居至新泽西州的蒙特克莱尔。可是施洛斯说:"这儿实在太偏僻和遥远了,所以不久后我们还是回到了纽约市,而这个城市就是我长大的地方。"

从童年开始,施洛斯便十分享受乘坐电车在市内游览,他梦想成为一名电车司机,因为可以驾驶电车自由地去他所欢喜的地方。他说："幸运这东西很奇妙，它总会在适当的时候把你置身于适当的位置。假如我出生更早一点，我绝对会认真考虑成为一名电车司机。幸运地，在20世纪三四十年代，电车开始逐渐被公共汽车取代，结果我就进入了华尔街。"

回想起他的少年时代，施洛斯很清楚在1929年发生的股市大崩盘，以及由此引发的经济困境。他的母亲输掉了外祖父母留给她的全部遗产，他的父亲杰罗姆融资买入了一家名为Mathieson Alkali的美国公司，也损失了全部钱财。

"我的父母都是老实人，但他们也是很差劲的投资者，所以便陷于财务困难。当美国进入大萧条时代，我父亲终于得到教训，他对我说：'当糟糕的事情没有发生在你身上，你就已经赚了！'我深深记着他的忠告，所以当我进入华尔街时，我的首要目标就是不要输钱！"

1934年，施洛斯刚好18岁高中毕业，他决定找工作。在母亲的帮助下，他在一家名为卡尔洛布罗兹（Carl M. Loeb & Co.）的证券行当业务员，赚取周薪15美元。

施洛斯解释："父亲在大萧条时失去了工作，所以我无法进入大学继续学业，我要工作赚钱帮补家计。当时社会的经济实在令人沮丧，我曾目睹人们在街角售卖5美分一个苹果，赚取微薄的收入。有些亲戚朋友甚至指责我母亲，认为她不应让我到证券行工作，因为他们相信华尔街将在数年之后消失。由此看出，当时的人对经济是如何悲观。"

作为证券行的业务员，施洛斯的职责包括将文件及股票证交到不同的证券行，进行每天的结算。在加入公司不久后，他被提升进入出纳部，负责保存及记录经纪之间的股票证转账。

施洛斯继续回忆："阿尔芒·厄夫（Armand Erpf）是统计部

的主管，相当于今天的研究部主任，也是公司的合伙人。我工作了一年左右之后，大胆地问他，我能否升任证券分析师。他拒绝了我的要求，因为证券分析工作不能为公司带来佣金收益。"

"在以前或如今的社会，为公司带来生意的确是首要任务，所以客户关系远比投资知识重要。在当时来说，一家公司里的研究分析员不会有很大的晋升空间，所以人脉网络反而比知识更重要。"

尽管厄夫先生拒绝了施洛斯的请求，但却给他一个珍贵的忠告。他推荐阅读由本杰明·格雷厄姆（Benjamin Graham）及大卫·多德（David Dodd）合著的《证券分析》（Security Analysis）："读读这书吧！当你学懂了书里的所有知识，你就不需要再阅读其他相关的东西了。"施洛斯清楚记得厄夫先生说的话。

看过这本书后，施洛斯便决定要到纽约证券交易所修读财务及会计课程，因为在他完成了这些课程后，他便有资格报读由本杰明·格雷厄姆讲授的"证券分析"课程。最终，在1938—1940年期间，施洛斯正式成为了格雷厄姆的学生。

对施洛斯来说，直接师从价值投资法之父学习投资知识，是一个足以改变人生的经验。"本杰明的课简单、直接而精彩。由于他在美国大萧条时代经历了一段艰难岁月，他的投资策略主要是搜罗一些有下限风险保障的保本型股票，例如一些以低于其流动资产价值出售的股票。我认为这个概念既合理又有实际意义，我不得不承认我爱上了他的投资哲学！"

格雷厄姆在课堂上以真实例子讲解哪些股票算便宜，哪些股票算昂贵，施洛斯对此印象尤深。"他甚至以一些英文字母名称相近的公司做比较，他将可口可乐（Coca-Cola）与高露洁棕榄（Colgate-Palmolive）两家公司做比较，并以实际数据推断出后者的股票比较便宜。"

"很多专业投资者都会听本杰明的课，但他们希望从课堂中获取投资窍门，然后以此赚钱。本杰明对此并不介意，因为他对于学术讲课比赚钱更有兴趣。可惜我当时没钱做投资，没有靠他的投资观念赚钱，但我却获益良多。"

生存的意义

1939年，第二次世界大战爆发。1941年，日本偷袭美国珍珠港海军基地，促使美国于同年年底加入战争。当时年仅23岁的施洛斯抱着一腔爱国热诚，决定为国家的战争做出一点贡献："我仍然记得，美国受袭当天是12月的第一个星期天；第二天上班时，我找上司问如果我参加军队是否可以领取年终奖金，上司答应了，我便马上前往曼哈顿下城报名参军，在数天后的星期五，我便宣誓入伍，并马上被派往受训。"

"我在纽约登上了一艘大船，船在海上迂回曲折地航行，避免敌方潜艇把我们击沉。我们经过巴西的里约热内卢，然后横穿大西洋至南非好望角，再跨过印度洋至孟买。接着，由于波斯湾水域的海床太浅，便转移至一艘名为隆纳号（HMT Rohna）的英国部队运输舰前往伊朗。我很幸运，假如转船事件发生在数月后，那舰只会被击沉，而我更可能成为死难者之一。"1943年11月，纳粹德国空军于地中海水域击沉了隆纳号，这次袭击造成了美军单次海难最多的死亡。

施洛斯在美军服务了三年多至1945年战事结束，他曾驻守伊朗、接受解码训练，以及后来被派往以华盛顿五角大厦为基地的美国信号服务公司（U.S. Signal Service Co.）。

在人生的岁月里经历了战争和十八次经济衰退周期，施洛斯深深感受到生命的脆弱，认为金钱在生命之中只是其次的。"生命无常，能够活着的人确实很幸运。当我在军队服务时，我曾想过没有回家的机会，虽然母亲对我入伍之事非常伤心，我却认为服务国家是我的责任。毕竟，这片土地给我自由和机会，我由衷感激！"

　　施洛斯说，人们常常问他如何渡过经济大萧条和为什么成为了价值投资者。"众所周知，本杰明·格雷厄姆是指引我投资方向的导师，加上我的四年参军经验，才将我塑造成为今天的施洛斯。我理解到只要我在投资市场上幸存而不受损失，就像我在战争后仍然活着，最终我一定有收获的。无奈，生命是短暂的，所以我们必须具有自信，坚持做自己喜欢做的事，胜于做一些赚钱却是自己讨厌的工作。"

　　在参军的日子里，施洛斯常常给格雷厄姆寄明信片。有一天，格雷厄姆给他回信，提到他公司的证券分析师将要离职，问施洛斯是否有兴趣接任。施洛斯当然不想错过这个难得的机会，当战争结束后不久，在1946年1月2日，他在格雷厄姆的公司接受了50美元周薪的证券分析师职位。

Net-Net 股

　　施洛斯与格雷厄姆的投资观念非常相近。施洛斯的大前提是要在市场中生存而不亏钱，而格雷厄姆就要发掘可以提供下限风险保障的保本型股票。

　　在1946—1955年服务于格雷厄姆的公司期间，施洛斯负责物色一些以低于其流动资产值出售的股票(Net-Net)。Net-Net股的概念是以流动资产净值计算一家企业的价值，计算企业的现金及现金等值加上按折扣减值后的应收账及存货减去企业的负债额，将结果除以总发行股数，便可得出 Net-Net 的价值了。

财务信息在那个年代不易获得，加上投资者经历了大萧条后，情绪变得很悲观，因此很多股票的交易价格都远低于其 Net-Net 值。买入这些股票就好像以 50 美分换取价值 1 美元的货品一样便宜。

施洛斯解释："在 20 世纪三四十年代，市场上有很多 Net-Net 股，我们的目标是物色一些以流动资产值的三分之二价格出售的股票，因为它们最终会回到每股与其流动资产等值的水平，那么我们的投资便有 50% 的利润了。"

"这种策略的要点是针对被忽视的公司。这些公司大多拥有很高的账面价值，只因盈利并不稳定，而有时陷入财务困难，所以令价格变得便宜。本杰明强调在投资过程中要分散投资来降低投资风险，所以我们不只从投资组合上分散风险，从股票价格上也要合乎安全边际 (margin of safety) 原则。到了在 20 世纪四五十年代，这类股票已经不多了，所以我们要加倍努力找 Net-Net 股。"

在物色 Net-Net 股的期间，施洛斯在马歇尔魏斯公司 (Marshall-Wells) 周年聚会上跟未来的投资传奇人物沃伦·巴菲特第一次碰面。

施洛斯回忆说："沃伦出席那个周年聚会因为他也认为那公司是投资机会。在稍后的 1954 年，他也加入了本杰明的公司，我与他一起计算不同企业的清算价值 (liquidation value)。沃伦有很好的幽默感，更是个老实的绅士。"年轻时的巴菲特常常昵称施洛斯为"沃尔特大哥"，俨然将对方以兄弟看待，这位兄弟也是他乐于共事和分享意见的对象。

今天，巴郡所持有的汽车保险公司"政府雇员保险公司"（Government Employees Insurance Company, GEICO），曾一度由格雷厄姆·纽曼公司拥有一半股权。据施洛斯所述，GEICO 拒绝了 1948 年格雷厄姆的第一次出价，后来格雷厄姆以 75 万美元成功购入 GEICO 50% 的股权。

施洛斯解释："当律师来电跟本杰明确认交易时，我正好坐在他的旁边。那次买卖动用了格雷厄姆·纽曼总资金的四分之一，本杰明没想过这企业的增长潜力，但确信他以很便宜的价钱买入了这家企业，他对我说，假如这次交易不能为我们带来利润，我们随时可以把它清盘，取回投资金额！这就是本杰明要找的下限风险保障。"

交易完成后，格雷厄姆发现，在未得证监部门批准下，一家投资公司并不能拥有一家保险公司的大比例股份。为免抵触法律，格雷厄姆唯有将 GEICO 转为上市公司，并将格雷厄姆·纽曼在保险公司所持有的股份按原价分配给公司的投资者。

施洛斯个人也被分配了一定数量的 GEICO 股票，但他很快便将股票出售，以支付儿子埃德温及女儿史蒂芬尼的出生费用。"金钱上，我并没有受惠于 GEICO 的交易，但我得到了一个儿子和一个女儿，这也很不错吧！"

1955 年，格雷厄姆决定退休移居加州。施洛斯自忖追随这位良师已有九年半之久，自信有能力管理金钱，心里马上盘算要创办自己的基金公司，但他却没有胆量在第一时间告诉格雷厄姆，因为他实在太尊敬这位导师了。最后，施洛斯的构思得到很多客户和朋友的支持和推动，当中包括巴菲特，终于在 1955 年创办了沃尔特·施洛斯及合伙人公司，得到十九位投资者集资。

对于施洛斯来说，在 1976 年病逝的本杰明·格雷厄姆，不仅是一位良师、同事，他更教导年轻人自主管理金钱和如何达到安稳地累积财富这个道理。假如当初施洛斯没有阅读格雷厄姆的《证券分析》，他也许真的当上了一名电车司机。

施洛斯在他一篇名为《回忆录：本杰明与证券分析》的文章中写道：

> 本杰明·格雷厄姆既是一位有创意的思想家，也是一位头脑清晰的思想家。他具有高尚的道德情操，他谦虚、低调，是独一无二的人物……他尽量把事情简单化，认为证券分析师在做出任何投资决定时，毋须运用太多算式或代数式。
>
> 在重温《证券分析》第一版的自序时，我再一次被本杰明的观点打动："我们总是关注概念、方法、标准、原则及逻辑推理。虽然我们同样注重理论，却并非在于理论的本身意义，而在于理论在现实中的真正价值。我们尝试避开既定的标准或技术，因为前者限制太多，而后者所带来的麻烦大于好处。"
>
> 本杰明经历过大萧条带来的痛苦，他要确保所有投资项目必须具备下限风险保障，而最佳的方法就是为自己定下投资原则……在投资环境里，能不受情绪影响，时刻保持头脑清晰，这不是容易的事，毕竟，恐惧和贪念往往影响一个人的判断力。不过，本杰明对于赚钱并无孜孜不倦的野心，所以这些情绪对他的影响并不大。本杰明一生中成就无数，对我而言《证券分析》一书是

他最伟大的功绩……能够认识他,是我的荣幸。

设定正确的步伐

对于施洛斯来说,个人拼搏就是单打独斗,他没有聘请秘书或研究助手,一张写字桌和一个档案柜对他已经足够,所以他将一个储物室大小的写字楼空间转租给特威迪布朗公司(Tweedy, Brown & Co.),这是他在格雷厄姆·纽曼公司工作时经常接触的证券行。

由于施洛斯一向奉行节俭,所以在公司成立初期要找生意的时期,他很轻松便可以把营运成本保持在低水平。相对于今天的投资专家每天要应付紧张的工时,当时的施洛斯却是规律地早上九时上班、下午四时半下班,他没有使用股市行情信息纸条来监察股价,主要从报纸获取消息。

施洛斯没有寻求投资意见,他只是集中物色那些在市场以低价买卖的股票,然后聘请一家名为价值界线(Value Line)的独立投资信息供货商,调查该企业一些存疑的财务数据及成绩。假如结果符合他的理想,他便进一步要求索取企业的财务报表及股东签署委托书等,研究购入股票的可能性。

施洛斯解释:"我沿用在格雷厄姆·纽曼公司时所采用的投资方法,也就是发掘 Net-Net 股。这是保本策略,因为我要保障我的投资者得到最大利益。他们之中,很多都并不富有,需要我为他们赚取回报来支付生活开支。"

"在投资过程中,我尽量避免承受过分压力,所以我不喜欢将太多注意力放在市场消息及经济数据上,因为它们都会令我担忧。此外,我并不精于揣测投资时机,所以当人们问我市场的未来动向时,我真的没有答案。我的精神只会集中于分析比较股票的市场价格和实际价值。"

在施洛斯创办基金公司时,他定下绝不公布公司的持股资料这条规矩。"我这样做有两个原因:第一,我发觉投资者都爱将注意力集中在亏本的股票上,假如他们因此而向我哭诉,问我事情发展的来龙去脉的话,这样会令我备感压力。第二,如果人们知道我购入了哪些股票,无形中会为我带来更大竞争。"

施洛斯引用他在格雷厄姆·纽曼公司工作时的一个例子解释,他发现卢肯斯钢铁(Lukens Steel)的股价便宜,公司先购了一些股份,并打算再多买一些:"有一天,本杰明碰巧与一位朋友共进午餐,那位朋友不停追问他心仪哪些股票;本杰明不想欺骗他,老实回答是卢肯斯钢铁。我不肯定那位男士是否因此大量入市,但卢肯斯钢铁的股价却在很短时间内攀升至高于我们期望的水平。"

施洛斯拒绝透露公司的持股内容的另一个好处是,这令他在工作岗位上较为自在,因为他往往对目标股过早持仓。"当我在最开始就喜欢一只股票而它的价格又便宜时,我便会入市;当它的股价向下调时,我就更喜欢它,我绝不会为它设定止损的价位;相反,当它的股价向上升时,我就会觉得不好再进一步买入了。"

施洛斯解释,由于他的策略涉及一只股票的安全边际,也就是股票本身的价值及售价之间的差距,所以安全边际越大,他就越高兴。尽管如此,要让一只便宜的股票慢慢反映它的真正价值需要很大的耐心和时间。

施洛斯说:"我的持股时间平均是4～5年,这足以让便宜的股票回升至它的真正价值。税务方面因股票是长期持有,可以作为资本性收益入账。"他回忆格雷厄姆曾说过的话,"我们应该以购买食品杂货而非香水的态度买入股票",施洛斯"感觉自己好像是一位经营杂货店的专家,持有股票作为存货。持有时又会有红利收益,当有人出好价收购我的存货时,我便会把货品出售赚取利润。"

虽然很多基金经理都喜欢谈论一家企业的管理及业务状况,但施洛斯的着眼点只在于该企业的数据。"这样做的意义是集中看它的下限风险,以确保自己不会亏本。当一只股票以低于它的流动资产值在市场买卖时,投资者就会受到保障。"

他进一步解释:"我喜欢发掘一些低负债或零负债的企业,因为负债会令投资事宜变得复杂。我又会留意企业管理层是否持有足够的企业股份,以便一切行动皆以企业最大利益为前提。无论如何,你必须紧密注意管理层的一举一动,并认真阅读企业的财务报表,包括那些注脚文字或补充说明,以辨别他们是不是诚实的管理人。"

"当我买入一只股票时,我从不拜会它的管理层,也不会跟他们对话,因为一家企业的财务主管必定善于讲故事,他们所说的话不足以全信。此外,管理人员都会为公司说尽好话,如此又会影响我的判断。我知道很多杰出的投资者都爱探访不同企业,并跟它们的管理部门谈论业务状况,但那不是我,我不喜欢这种压力。假如我要四处奔走拜访这许多不同公司的话,不出数年时间我就会辛苦死了!"

对施洛斯来说,最重要的是满意自己所扮演的角色,而且要保证自己每晚睡得甜,毕竟,管理别人的金钱是一项重大的责任。他认为,工作最困难及最具挑战性的是出售股票。"因为我将注意力放在研究企业的下限风险,所以我较少看它们的增长潜力及盈利能力。我的策略是，当股价达到一个我认为合理的水平时，我就会出售。"

施洛斯引述一件事指出他投资方法的弊处："我以大约12美元的价格大量买入了南塘水泥（Southdown）的股票，两至三年后，它的股价升至大约28美元，正好到达我预期的价值，我没有进一步计算它的增长概率，便把全部股票都沽出，岂料不久后它竟飙升至70美元，我感到很惭愧，但也只好重新出发，继续发掘另一些便宜的股票。"

"人生在世，你不能总是对一些不顺利的事情或未能做得更圆满的事情感到后悔；人生的挑战就是你不知道下一刻将会发生何事。正如我父亲对我的忠告——当糟糕的事情没有发生在你身上，你就已经赚到了！我的目标是不要亏本，若我能够把握到好些股价上扬的股票，复式回报将会展示它的威力。"

20世纪60年代末期，埃德温·施洛斯决定加盟父亲的基金公司。由那时开始，施洛斯父子二人合作物色市场上低估价的股票。1973年，公司正式易名为沃尔特及埃德温·施洛斯联合基金公司，以反映其合伙性质。为了保持低营运成本，除了他们以外，并没有聘请其他职员。多年以来，施洛斯父子都集中发掘Net-Net股，但时势的转变令这个任务变得几乎不再可行，于是，他们便将策略做出相应调整，转为寻找高账面价值的股票。

施洛斯解释道："虽然我们轻微改变了投资策略，但仍坚持格雷厄姆提倡的下限风险保障原则，寻找价格低于其账面价值的股票。我们的做法是，以折扣价买入资产，而不是将其盈利高低作为买入指标，因为盈利随时改变，但资产较稳定，所以这新策略在一段时间里有很好的成果。"

然而，在不久之后，不论是账面价值策略，还是格雷厄姆的简单投资理念都不再适用于现代投资世界了，即使施洛斯也无法判断究竟世界是否变得更精明或更有风险。那时，施洛斯已经萌生退休念头，决定在2001年结束公司业务，为自己管理金钱超过四十五年的岁月画上句号。

他解释说，他当时已经85岁了，有一天他的儿子跟他说："爸，我再也找不到便宜的股票了！"而他回应道："我们不要再干下去吧！"于是，他们把公司清盘，把金钱退还给投资者。施洛斯在他漫长的人生中学会一样很重要的东西，就是回避压力，"发掘便宜股票变得愈来愈艰难，我们承受的压力也愈来愈大，所以我认为那就是结束的时候了"。

认识自我

"谈到投资，我的忠告是首先要了解自己的长处和弱点，然后为自己设计一套简单的策略，你才可以在晚上睡得安稳！谨记每一张单一股票都代表一个企业的一部分，所以在你下判断之前，必须了解该企业的财务状况。在你做出明智决定后，你也要确保你有勇气坚守自己的信念，切勿让市场任何变化影响你的情绪。别忘了，投资是有趣及富挑战性的事，并不应带来压力或太多忧虑。"

每一位价值投资者都不同。尽管大部分都信守本杰明·格雷厄姆在《证券分析》与《聪明的投资者》（The Intelligent Investor）里所提出的原则，施洛斯仍强调认识自己的重要性。

例如，沃伦·巴菲特提倡集中投资组合，但施洛斯的性格却适合分散投资。"在任何时候，我都会同时持有五十至一百只不同股票，因为持有单一企业股票对我来说实在压力太大，尤其当

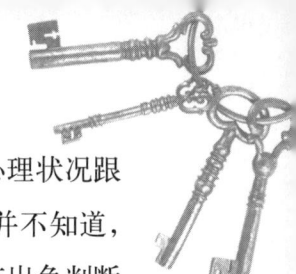

它的股价不符合我的理想时，我便会十分紧张。我的心理状况跟沃伦很不同，我发觉很多人都希望变成沃伦，但他们并不知道，沃伦不只是一位优秀分析家，也是一位对人对事都具有出色判断力的人。我了解自己的短处，所以我选择以我认为最轻松、压力最小的方法进行投资。"

本杰明·格雷厄姆启发了一群非常成功的"超级投资者"。正如巴菲特所指，这些投资者并非单纯依靠运气，更重要的是，他们都掌握了一套技巧和智慧，才能成为市场上的常胜将军。

施洛斯尝试解释这些超级投资者的诞生："投资是一种艺术，所以我们尽量表现得合乎逻辑而非感性。我们都明白，投资者常常会受市场影响，若我们能够以理性驾驭市场，便会有突出表现。正如格雷厄姆所言——市场是为我们服务的，而不是领导我们！"

谈到被格雷厄姆所启发的一群超级投资者，施洛斯说："首先，我们都是老实人，我们努力防止我们的投资者亏本，绝不会为了自己赚钱而损害他们的利益。我不知道其他人是否跟我一样，但我今年95岁了，可能有些应该要记得的事情我都记不起来了，但有一件事我却不会忘记，那就是我不仅要为我的投资者带来利润，更要为众多相信我的人做正确的事！"

1984年秋天，巴菲特为哥伦比亚大学商学院的毕业生刊物《爱马仕》(*Hermes*) 撰写了一篇极具影响力的文章《格雷厄姆及多德都市的超级投资者》，他赞扬施洛斯并写道：

> 他（沃尔特）从来没有忘记自己是在管理别人的金钱，这加强了他坚持不要亏本的信念，他拥有高尚的情操、务实的态度。对他来说，金钱是真实的，股票也是

真实的，对于这两样真实的东西，他必须坚守"安全边际"的原则。

沃尔特的投资组合极多元化……他知道如何选股……买股价远低于其真实价值出售给私人投资者的股票，这便是他所做的一切。他从不担心当前是不是一月份，也不理会当天是不是星期一，也不在乎当年是否大选年。

他的想法非常简单，假如他可以用40美分购入真实价值为1美元的企业股票，他就必定会获得好处。这就是他不断在做的工作。他持有的股票种类比我多很多，但却比我更不关心那些企业的业务性质；对于沃尔特，我似乎没有太大的影响力，这就是他的长处，没有人可以很大程度地影响他。

欧文·卡恩
(Irving Kahn)

卡恩兄弟集团
Kahn Brothers Group

第二章
华尔街的那些年

> **对于凭感觉行事的人，这世界是出悲剧；对于凭思考行事的人，这世界是出喜剧。**
>
> 赫拉斯·华尔波尔（Horace Walpole）
> 英国作家

欧文·卡恩（Irving Kahn）是卡恩兄弟投资管理及顾问公司的现任主席。1978年，他与儿子艾伦及汤玛士一起创立卡恩兄弟投资管理及顾问公司。

身为价值投资之父本杰明·格雷厄姆（Benjamin Graham）首届学生，卡恩在1920年代末参加他讲授的证券分析课程，在1931年更成为他的助教，直至1956年格雷厄姆决定退休为止。

1937年成立的纽约证券分析师协会（New York Society of Security Analysts）及1945年创刊的《财经分析师杂志》（Financial Analysts Journal），卡恩是其创办成员之一。他也是首批由财经分析师学会举办的"特许金融分析师"考试考生，并于1963年成为了特许金融分析师（Chartered Financial Analyst, CFA）。此后，他先后担任联合百货超级市场（Grand Union Stores）、京士郡立灯饰（Kings County Lighting）、西方药厂（West Chemical）及威卡斯吉布斯缝纫机公司（Wilcox & Gibbs）的董事。

2011年，卡恩当时已是106岁高龄。

欧文·卡恩娓娓说道："1929—1933 年，当道琼斯工业指数由 350 点下跌了 85% 至 50 点时，我感受到大萧条对我的切身影响。老板问我为何由 100 美元减薪至 60 美元后仍然满脸笑容，我回答说："我还以为你要开除我。"

有一句老话："经济衰退是你的邻居失掉工作，经济萧条是连你自己也丢失工作。"的确，1930 年时生活十分艰苦，但卡恩总是以乐观态度面对。他的人生格言是："只要你富有创造力，以及稍为变通一下，加倍努力去找，便会找到工作。"

1905 年出生于纽约的卡恩在一个劳动阶级的家庭长大，父母亲原籍波兰及俄罗斯。他说："母亲爱斯特及父亲索尔放弃了母语、宗教及当地的朋友，来到美国寻找新生活。我敬佩他们的勇气和决心，所以我自小已经很用功读书，希望长大后找一份高薪工作养活他们。"

在德维特克林顿高中毕业后，卡恩进入纽约城市大学修读文科课程，但两年后（1928 年），他从学院退学并走进华尔街。卡恩解释："像大部分年轻人一样，我希望获得一份高薪的工作，却不知道在哪里找。当时的股票市场十分炽热，报纸上有很多华尔街的广告及报道，我走进了位于华尔街的哈默施拉格博格

（Hammerschlag, Borg）投资公司，问他们是否需要办公室助理？他们便马上聘请了我。"

卡恩指出20世纪是一个兴盛时代，在1929年，美国的失业率只有5%以下，因为大量西欧及东欧居民纷纷移民到美国，刺激经济和劳动市场，人人都希望实现美国梦（American dream）。可是，当股票市场在同年10月崩溃后，美国的失业率逐步攀升至1933年的25%，而美国梦也一一粉碎。

"我的第一份工作在华尔街11号，纽约证券交易所大楼，而我只待了一星期便决定辞职，因为那些人实在太疯狂了。在交易时段他们四处奔走，大声呼叫，简直就像一群小丑在演闹剧！我根本学不到任何东西，所以便跟老板表示要离职，他挽留我并派我到总公司当股票经纪助理，协助证券研究分析。"

卡恩承认，初时他对自己负责的工作毫无概念，所以为了深入了解分析师的具体工作，他每天到公共图书馆阅读有关财经市场及其历史方面的书籍。当他从书本上学习到美国经济的繁荣与萧条交替循环时，便开始怀疑华尔街证券市场蔓延的炽烈情绪可能就是大市下跌的先兆。

他又读到在1920年早期，佛罗里达州的地产市场异常蓬勃，当时的房屋价格不消数个星期就可以涨至两倍，投机者严重举债，只付房价10%的订金就可购买物业。直至1925年人们不再盲目买房子，价格的升势开始缓慢下来。翌年，佛罗里达州受两个超级飓风侵袭，几乎摧毁整个州，地产泡沫终于爆破，很多发展商和投机者破产。这个历史个案令卡恩进一步看淡后市。

尽管佛罗里达州的崩溃让美国人初尝经济大萧条的苦果，但赚取快钱的情绪仍未停止。1927年，热钱开始流入股票市场，投机者瞬间就可以赚到10%的边际利润，华尔街俨如一个赌场，情况就像佛罗里达州的地产蓬勃期，人们过度举债投机极为普遍。卡恩相信，股市崩溃只是迟早的事。

卡恩解释："佛罗里达州的房地产泡沫爆破，让我明白一件事，就是当市场出现疯狂行为时，也是人们要面对残酷现实的时候。在1929年，股票以超高价格在市场买卖，我根本找不到任何真正与股价等值的企业，于是我想到可以卖空股票。"

"我在一些金融历史书籍中阅读到有关市场周期的课题，并发觉某类工业股表现有较大波幅，所以我选了沽空铜业股票捷马铜公司（Magma Copper）。可是当时因资金不足，所以便请当律师的姐夫替我开立一个股票经纪户口。"

"我在七八月份用50美元把股票卖空了，但我姐夫并不认同我的行为，因为市场正在上升，而我却说市场要下跌。结果，股票市场在1929年10月崩溃，我的50美元变成了接近100美元，这也是我人生中第一次股票交易。"

虽然卡恩在股票市场有了好的开始，但他发觉要安然渡过大萧条并非易事。罗斯福总统决定将1933年3月5日至12日颁布为银行假期，将国内银行全面关闭八天，这让卡恩及所有的美国人感到严重不安。

卡恩细说当时的具体情况："对我来说，那是一个极度震撼的时刻，八天后很多银行根本无法重开。我仍记得，事情早在数月前开始酝酿，当时很多银行出现挤提。罗斯福总统上任后，马上颁布全国性银行假期，把银行系统暂时关闭。在接下来的八天里，总统通过了紧急银行法，向市民做出百分百存款保障，希望市民对银行重拾信心。他的承诺受到市民的欢迎，于是当股市在3月15日重开时，上涨了50%。当国家处于极度不安的八天，这短短的数天也是我职业生涯中最黑暗的日子！"

回顾当年，卡恩开玩笑道："经济大萧条教会我节约的意义，以及避开亏本的重要性。为了节省开支，每天中午我从办公室步行回家吃午饭。我想，由于我每天中午都回家，我的孩子一定以为父亲很富有，事实刚好相反！"

卡恩工作谦逊而且表现很不错。他在1939年已赚得足够金钱，与家人从政府住房搬迁到城郊皇后区贝尔港（Queen's Bell Harbor）的私人房屋。他的成功有赖于他能与最明智的投资者格雷厄姆密切合作，并学习其投资之道。

成为格雷厄姆的门生

1928年，当卡恩在哈默施拉格博格公司上班时，他与同事分享其对市场的担忧和关注，所以会计部主管建议他到位于纽约市比弗街的棉花交易所，请教格雷厄姆，以寻求更全面的了解。当卡恩与格雷厄姆见面后，得知他将在哥伦比亚大学开授证券分析课程，便毫不犹豫报名入学。

卡恩回忆说："每周一晚两小时的课程中，格雷厄姆列举一些受热捧及无人问津的股票做例子，以解说实务上如何分析证券。格雷厄姆醉心于教导学生和分享经验，所以他从不介意学生利用其投资意见去赚取金钱。"

"在1929年股票市场崩溃前，某同学问是否应买入公用事业股美国和国外电力公司（American and Foreign Power Co.）的认股权证？格雷厄姆让他计算一下未行使的认股权证的总市场值，结果发现那价值远大于蓝筹股宾夕法尼亚铁路公司（Pennsylvania Railroad）的市场总值。同学们都明白到市场已被扭曲，不久后，美国和国外电力公司倒闭，并宣告破产。"

在回忆格雷厄姆的课程时，卡恩说："我们伟大的导师一方面鼓励每位同学出席及讨论投资课题，另一方面选取最近期的实际例子讲解证券分析的优点。他以苏格拉底诘问法（Socratic Method）让学生自己去思考问题，所以不会直接给学生答案。他相信学生通过讨论及理性的思考过程才能获得实际的结论。有次我问格雷厄姆"tranche"在财经方面的解释，他没有马上把答案告诉我，而让我去翻阅字典，然后我从字典上找到它的法文意思是"薄片、部分"。我知道，格雷厄姆认为立即告知我答案的话，很快便会忘记；相反，若由我动手亲自找答案，就会铭记在心。"

修读格雷厄姆的课程，卡恩的另一个收获是遇到其未来太太露芙。两人在1931年结婚，露芙在1996年逝世。他们育有三个儿子，第三个儿子取名为托马斯·格雷厄姆·卡恩（Thomas Graham Kahn），以纪念他们的导师。

除了当格雷厄姆的学生外，卡恩在1931年也成为格雷厄姆的助教。"我很荣幸可以当格雷厄姆的教学助理直至他在1956年退休为止，我的职责是为课堂讨论准备统计分析资料，以及为学生的个案研究和考试打分数。这份工作不但让我充分了解证券分析的精髓，而且使我赚到更多金钱。"

卡恩自觉很幸运，在之后的25年里，他不仅能与格雷厄姆分享意见，更可聆听一些未来投资界传奇人物的见解，当中包括威廉·鲁安（William Ruane）、沃尔特·施洛斯（Walter Schloss）、查尔斯·布兰蒂（Charles Brandes）及沃伦·巴菲特（Warren Buffett）等。

"课堂在证券市场收市后一小时（下午四时）开始，格雷厄姆跟我一起乘地铁由华尔街到哥伦比亚大学，沿途我们无所不谈。格雷厄姆不仅是我的良师，也是我的挚友。我仍记得我们一起滑雪的情景，格雷厄姆提醒我把蛇皮黏附于滑雪板底部，雪橇会更容易爬上雪坡。那些旅程给我留下对格雷厄姆的美丽回忆。"

卡恩是格雷厄姆推心置腹的知己。格雷厄姆在1934年与大卫·多德（David Dodd）合著出版的《证券分析》（Security Analysis）中，很多数据及比较分析例子都是由卡恩为讲课所准备的。这部专题著作向投资者介绍了基本的证券分析法，改变了整个金融世界，同时令格雷厄姆获得"价值投资法之父"或"证券分析之父"的称号。

格雷厄姆于1937年出版《储备与稳定》（Storage and Stability）时，卡恩以格雷厄姆的观点来协助搜集数据。在经济大萧条时代，格雷厄姆注意到物价通缩所造成的民生困苦，农民及工人的生活被摧毁了，书中建议调整重要的原材料和日用品的供求，希望市政府可以储备商品以达到稳定市场价格和恢复经济增长的作用。尽管大部分市民都没有读过这本书，但它却受到政治家和经济学家欢迎，当中包括著名经济专家凯恩斯（John Maynard Keynes）。

1956年，格雷厄姆正式退休，自此他便穿梭于加州和法国两地居住，直至1976年9月21日离世，终年82岁。后来，卡恩与罗伯特·米奈（Robert Milne）为"财务分析师研究基金会"（Financial Analysts Research Foundation）合著了《本杰明·格雷厄姆：财务分析之父》（Benjamin Graham: The Father of Financial Analysis）一书，在书中，他对这位投资界传奇人物的卓越成就进行了几个方面的描述：

他拥有非凡的性格特质：他的思维速度极快，当遇到复杂的问题时几乎马上就想到答案。其实，他的思考训练源自数学的严谨学习态度,每个答案都是由缜密和准确的推理计算出来的。

他的另一个性格特征是深刻的记忆能力,这解释了他能阅读希腊文、拉丁文、西班牙文及德文的原因,更令人吃惊的是,他从没上过正统西班牙语文课,却能将一部西班牙小说翻译成极富文学味的英语,而且达到专业水平,获得美国的出版商采用。

年轻时的格雷厄姆既爱滑雪也爱打网球,他真正的乐趣是钻研金融世界以外的其他学问。他热爱音乐,尤其喜欢欣赏著名歌剧的旋律及了解歌词中的意思。此外,他酷爱在平面几何领域上进行不同方面的改良,他设计了几款简单量角器和圆形计算尺并取得专利权。

总体来说,本杰明·格雷厄姆拥有很多优点,只有与他认识多年的朋友才能把他正确而完整地描写出来。在金融世界里的格雷厄姆,他的墓志铭就如伦敦圣保罗大教堂克里斯托弗·雷恩(Christopher Wren)爵士的墓碑上所写的"如果要找他的纪念碑,你只须朝四周看看"。

宣扬价值

除了与格雷厄姆联系密切,卡恩也凭借个人实力创建了非常成功的投资事业。他在哈默施拉格博格投资公司工作数年后,便加盟勒布罗兹投资公司（Loeb, Rhoades & Co.）担任证券分析师，然后在1940年左右，转投至威特海姆公司（Wertheim & Co.）。

卡恩回忆说："经济大萧条犹如巨大风暴摧毁海上所有船只。不过，假如你的方向正确，并且知道往哪里找机会，就可以轻而易举地赚到钱，因为某些公司的财务仍然十分健全。例如，某些出口公司并没有受大萧条的严重影响，但它们却被拖垮，实际上他们的每股净现金流远超当时的股价，因此你不需要很聪明，只要有正确的投资模式便可以找到有价值的投资机会。"

在威特海姆投资公司时，卡恩专注于研究分析采矿业的公司，作为格雷厄姆的门生并且具有证券分析的经验，他认识了很多成功商家及富有的投资客户。卡恩向他们推荐被低估的股票让他们赚了钱，也为自己带来丰厚的佣金。卡恩的收入上升，让其开始管理自己的财富，更令他有机会注资由格雷厄姆经营的格雷厄姆·纽曼（Graham Newman）投资公司。

在1950年，卡恩成为J. R. 威利斯顿公司（J.R. Williston Co.）的合伙人。尽管他与公司只维持了数年关系，在该段时间里，他与现年80多岁的助手威廉·比尔·德鲁卡（William Bill DeLuca）建立了良好的工作伙伴关系，两人一直紧密合作至今。

在20世纪60年代初期，卡恩加盟亚伯拉罕公司（Abraham & Company）成为合伙人。至1978年，他与两名儿子决定创立卡恩兄弟投资公司。他说："1975年时，雷曼兄弟（Lehman Brothers）收购了亚伯拉罕公司，公司规模变得十分庞大，而我并不喜欢那样的工作环境，加上同在亚伯拉罕工作的儿子欧文及托马斯也有同感，所以我们便决定一起开创属于自己的事业。"

除了成立卡恩兄弟公司外，卡恩还决定在纽约证券交易所购买一个席位，以便进行股票交易。证交所席位在1978年只需10

万美元，到2005年已升值至大约300万美元。当证交所上市后，卡恩获得50万美元现金收益，以及分配到7.7万股证交所股份。

谈到卡恩在职业生涯中所采用的投资策略，他说："早期我只要仔细翻阅及研究不同企业的年报及财务报表，就不难发掘到Net-Net股（以低于其流动资产值出售的股票）。我又会物色一些拥有独立资产的企业，例如现金、土地及其他不动产，并确保它们的负债不多，而且具有颇佳的发展前景；如果它们的股价比流动资产净值低的话，我就有兴趣买入。"

"虽然今天已难以发掘Net-Net股，但投资者不应有太多抱怨，因为从前只有少数行业的股份在市场流通，现在却有极多不同类型企业在不同国家上市，投资者应该很容易就找到目标。此外，互联网使信息唾手可得，假如你仍抱怨找不到投资机会，那是因为你根本没有认真观察，或只是看得不够全面。"

卡恩是一名爱学习的读者，除了小说之外，其他书籍无所不读，这对他建立属于个人的投资理念也有少许帮助。他除了每天阅读数份报纸外，也会定期阅读科学期刊及科技杂志。为了紧跟新闻及潮流步伐，他已看过数以千计非小说类书籍并做了大量而恰当的标记。

被问到他如何建立自己的一套投资理念，他回答主要是吸收大量不同种类的信息，由经济新闻至科学、心理学，再至企业年报、财经刊物和历史，然后将各类数据综合起来，便能对未来做出一个概括。

卡恩进一步解释："阅读科学令我的思想开明！在欧洲科学家发现铀及其发电功能之前，人们都认为他们的想象力过于丰富。在我年轻时，很多令人难以置信的科学概念，在今天已变成事实，所以，阅读科学书籍、认识未来是很重要的。"

过去15年，吸引卡恩的科技公司包括专门生产水质净化设备的奥斯莫尼斯（Osmonics）公司。在世界人口稳定增长的早期，卡恩已意识到人们将对更洁净的水质有需求，因此，在科技股泡沫爆破后，当奥斯莫尼斯的股价大幅下跌时，他毫不犹豫马上买入，直至2003年，奥斯莫尼斯被通用电气（General Electric）收购，令他赚取了可观的利润。

大约在买入奥斯莫尼斯股票的同时，卡恩相信世界人口增长也意味着食物需求量增加，而孟山都农业生物技术公司（Monsanto）所生产的基因改造种子将有助提高食物供应量。不过，环保人士却对此存疑，他们对孟山都的攻击令其股价下跌至20美元左右，但卡恩对自己的研究充满信心，既然该企业具有良好价值，他便决定买入它的股票，结果不消两年时间，其股价已上升至超过60美元。

论到成功的投资，卡恩认为，除了要广泛阅读不同科目的刊物外，个人也需要具备某些性格特质，包括耐心、自律能力及怀疑精神。毕竟，低估价的股票在初期总会被市场上大部分的投资者忽略，所以必须有点耐心，细心观察这些企业的表现。自律能力也是极关键的条件：别受惰性思维影响，而接受别人建议的股票，在做出任何投资决定之前，聪明的投资者必须花精力研究不同企业的财务数据，训练独立思考和分析能力。

最后，少许怀疑精神也可大派用场，因为尽管便宜的股票可从企业的财务数字反映出来，不过这些数字都是由该企业的管理层整理出来的，所以投资者同样要衡量其管理人员的素质。毕竟，谨慎行事始终是对自己的投资保障。

卡恩回忆说："在从前的社会，很多企业的财务报告准则都是含糊其辞，投资者必须仔细阅读字里行间的含义，并研究财务报表的注脚文字，以弄清企业管理层的素质。"

为了协调企业的管理人以改善证券分析的素质，卡恩联同本杰明·格雷厄姆及其他18位证券分析师，在1937年创立了纽约证券分析师协会。根据纽约证券分析师协会的使命宣言，这个组织成立的目的是"在证券分析界建立及维持高水平的专业道德规范，以及推广财务和证券分析的功能、证券市场的运作两大范畴的正确观念"。证券分析师协会成立初期只有二十多名成员，发展至今已拥有超过一万名会员，也是财经分析师协会下属的拥有最多会员的组织。

卡恩说："我们积极安排与企业管理部门会面，说服他们到纽约市一家便宜的餐厅出席餐会，并向他们解释跟我们面谈的好处：假若我们对企业有更深认识，便可以协助他们推广企业形象。起初，这些聚会都十分有用，但随着时间推移，聚会的效益愈来愈低，慢慢演变成大家所谓的分析师会议（analysts' conference calls），而且企业的管理人员也开始尝试左右分析师的投资报告。"

卡恩一直在宣扬证券分析的价值，他在1945年成为《财经分析师杂志》创刊成员。在2005年杂志创刊六十周年的纪念刊物中，卡恩撰写了一篇名为《财经分析师杂志早期岁月》的文章，谈论杂志的出版精神。他在文中写道："我们方向实际，提供指引性的建议，为投资者提供分析行业、企业、国家的数据。从始至今，我们的目标就是把投资理论和实践结合起来。"

回溯至1977年，卡恩为《财经分析师杂志》写过另一篇题为《旅鼠必输》（Lemmings Always Lose）的文章，概述了智慧投资的简单法则：

1. 不要依赖近期或流传的数据去预测未来的价格；谨记在你之

前，很多人已清楚掌握这些资料。

2. 价格不断被恐惧、期望及不可靠的估价影响；除非你选择价值较好而不是平均价值的股票，否则资本无法得到保障。

3. 谨记在企业的财务报表上所载的利润背后隐藏了许多复杂因素，例如会计政策、管理层和大股东之间的人事问题。

4. 不用理会竞争带来的危险，因为竞争者总是攻击你所选择的企业的业务及盈利。

5. 不要完全相信企业的季度盈利，应根据企业的利润来源及资金运用两方面核实财务报告的准确性，谨记数字可以作假，而撒谎者可以编造数字。

作为分析师，除了必须做常规工作，也要向客户解说耐心的重要。幸好，对我们这些分析师来说，在这个瞬息万变的世界里，任何投资公式都不可能成功取代我们对个别证券所做出的研究和客观分析。

百岁老人的饮食

卡恩认为，华尔街对价值时常判断错误。首先，它从来没有汲取过去的教训，对于曾经犯过的投资失误，经常重蹈覆辙，由1929年的股市崩溃、20世纪70年代早期的"漂亮50"（nifty-fifty）、1987年的股灾、长期资本管理公司（Long-Term Capital Management）的倒闭惊魂、科技网络股泡沫，以至雷曼危机，全部都是情节相近，只是人物和投资产品不同而已。俗语说："历史不会重复，但往往会很相似。"卡恩进一步解释："假如世界上有更多价值投资者的话，我们就永不会被卷进这些漩涡之中了！"

其次，华尔街的人们花大量精力和时间去赚取金钱，令生活模式充满压力和不健康，卡恩质疑这些人的人生价值是什么？卡恩已是百岁高龄的老人，从事投资业务超过80年，他掌握了如何令自己既健康又富有的一些窍门："远离烟酒；营养饮食；保持运动；与来自世界各地的人物交流，引发灵感；广泛阅读，并阅读一些目前看来不可能，但在未来可能变成事实的东西。只要你保持头脑清晰及多动脑筋，美好的事情便会跟着来！"

卡恩及他的兄弟姐妹参加了由纽约市叶史瓦大学（Yeshiva University）的阿尔伯特·爱因斯坦医学院（Albert Einstein College of Medicine）所主持的长寿基因计划。对于长寿可能是遗传的课题，卡恩家族就是最好的活见证，他的两名姐妹海伦和利尔在2011年及2005年分别以110岁及102岁高龄过世。他的小弟弟现年101岁。

医学院的研究员猜测，卡恩血液中超高水平的良好高密度脂蛋白胆固醇提供了防护效能，为他阻隔了年老体衰的疾病。卡恩热切等待他们去证实这项发现是否属实。

除了基因之外，研究员还发觉，年逾百岁的老人家一般都是性格外向和友善，而且拥有稳定的社交网络。此外，他们思想开明，人生态度乐观，尽管他们在经济大萧条及第二次世界大战中饱尝贫穷和恐惧的滋味，但他们甚少埋怨人生中所遭遇的挫折。事实上，这些百岁老人精于回避压力和放弃执着。

卡恩补充道："人们总是担心经济和世界，尤其在2008年发生了金融危机及2011年触发了欧洲主权债务危机后，人们显得更忧心。但我认为大家应该学习保持乐观心态，毕竟，生活每天都在继续，说不定某一天因为新政策出台或是科学突破，意外惊喜会突然出现。"

"我的意思是，世界充满了复杂问题，媒体充斥着广告和宣传，这些都会影响我们的判断力。不要再买入没必要的东西，集中于有用的必需品，你就会活得长寿和快乐。生活的目标是要成就快乐，由此刻开始思考一些有价值的东西吧！"对于自己在投资领域上所赢得的名声，卡恩开玩笑地说："当你活到高龄，就会成为著名的人物了。"

托马斯·卡恩
(Thomas Kahn)

卡恩兄弟集团
Kahn Brothers Group

第三章
逆向价值投资大师

> **世俗的智慧教导我们，宁遵循传统而失败，也不可违背常规而成功。**
>
> 约翰·梅纳德·凯恩斯（John Maynard Keyness）
> 英国经济学家

托马斯·格雷厄姆·卡恩（Thomas Graham Kahn）是卡恩兄弟集团（Kahn Brothers Group）的总裁。集团通过旗下两家子公司：卡恩兄弟顾问有限公司（Kahn Brothers Advisors LLC）及卡恩兄弟有限公司（Kahn Brothers LLC），向客户提供投资管理以及证券商服务。

1978年，欧文·卡恩（Irving Kahn）与他的两名儿子艾伦及托马斯一起创立了卡恩兄弟公司，并以本杰明·格雷厄姆（Benjamin Graham）的理念作为公司的投资哲学。截至2011年年底，他们为大机构及高资产客户所管理的投资总值超过70亿美元。公司的使命是为客户提供"卓越的投资回报，同时管理风险，防止资本贬值"。卡恩兄弟公司的原则是维持私营性质，以审慎态度选择性地增加与其理念相同的长线投资客户，逐步增大资产管理业务。

除了卡恩兄弟公司外，托马斯同时管理两家私募基金公司，他也是前瞻纽约银行公司（Provident New York Bancorp）、国际犹太人盲文研究会（JBI International）、艾克文家庭治疗学院（Ackerman Institute for the Family）及犹太盲人公会（Jewish Guild for the Blind）的董事成员。

托马斯在 1942 年出生于纽约，他的父亲欧文为他取名为格雷厄姆，以示对"价值投资法之父"本杰明·格雷厄姆的敬意。在皇后区贝尔港的中产区长大的他，知道父亲拥有的金钱得来不易。"欧文年少时身无分文，幸亏他在本杰明身上学会了证券分析，才把仅有的金钱明智地投资在股票市场上。"因此，年轻时的托马斯已明白，"不要让自己为金钱工作，要让金钱为自己服务！"

托马斯回忆说："对于父亲来说，投资不仅是一门生意，也是一项兴趣。他常常带着一个装满企业年报的公文包回家，在晚饭时给我和两位兄长阅读。他从不看小说，只看企业资料或科学刊物。他教导我们，假如我们想掌握自己的未来，就要将眼前的享受推迟，将金钱存起来，然后为将来做出明智的投资。"

虽然托马斯的金融知识来自父亲，但他的投资心理却遗传自他的母亲露芙。露芙毕业于哥伦比亚大学，拥有心理学博士学位。由于股票市场的起落往往受社会心理影响，所以明智的投资不但要具备金融知识，也要有正确的思维模式，尤其在市场表现过热或出现危机时，心理素质非常重要。

托马斯说："在生活上有感性化的表现绝对没有问题，但当牵涉投资时，你就要有自己的一套价值标准且懂得控制情绪，以免被市场左右思维。当市场表现强势，人人都叫你买进时，你如何能抵抗诱惑？相反，在市场出现危机，人人都沽货时，你却要有入市的勇气。这些逆向操作的投资态度，不仅需要前瞻性的投资思维，也需要勇气和坚定的意志力，这都是从投资智慧、人生经验和人性心理中汲取的经验！"

"我认为，成功投资是艺术多于科学。假如投资单纯只是数字和计算游戏，那么以计算机程序协助我们，理应可以获取暴利，事实并非如此，所以投资必然是一种艺术。"

托马斯从小就知道他将会像父亲一样进入投资行业。因此，他在1960年入读康奈尔大学（Cornell University）主修历史，他相信研修政治和财经历史课题会让他更深刻地了解过去，从而展望将来。再者，历史总结了过去人类的抉择和结果，所以修读历史也能令投资者对社会心理有更透彻的领悟。

当托马斯在1964年大学毕业后，他有两个选择：加入军队远赴越南战场，或参与政府计划教导小孩。他选择了后者，在布朗克斯一间公立小学任教了数年。同时，他在纽约大学商学院修读硕士学位课程，并于1967年毕业。翌年，他正式加入投资行业，和父亲欧文及兄长艾伦合伙工作。

"我们起初在J.R.威利斯顿公司（J.R.Williston & Beane）工作，接着是亚伯拉罕公司（Abraham & Company）。最初我只是一名办公室的初级文员，那时计算机尚未普及，我负责记录股票买卖结算，每天记下客户的交易内容，到收市后复核数据确保正确。这工作让我知道客户的投资习惯及他们最感兴趣的企业类型。当经验与日俱增，我便开始协助父亲做一些证券分析工作。"

1975年，亚伯拉罕公司被雷曼兄弟公司收购。三年后，卡恩父子决定创立属于自己的投资公司。"亚伯拉罕公司是资本雄厚、经营良好的一级投资公司,在被收购之前,公司分成小组,管理不同客户的资金。当雷曼入主后,公司的规模变得太大,他们打算将所有小组整合,我们不同意这样的安排,更重要的是,客户也不喜欢新的做法,他们不想跟雷曼兄弟公司合作,而只希望与我们卡恩父子做交易,所以我们便自立门户。"

改良的格雷厄姆投资法

毫无疑问,卡恩兄弟公司的投资哲学与本杰明·格雷厄姆所提倡的方法非常接近,那就是找寻拥有安全边际(Margin of Safety)的价值投资法。格雷厄姆在他的著作《聪明的投资者》(*The Intelligent Investor*)中写道:"一项真正的投资必须要有安全边际,而这安全边际是以数字、具说服力的理据及大量实际经验计算出来的。"

这些年来,卡恩父子的投资模式随时代改变并不断改良,托马斯表示:"我们永远不会忘记安全边际的重要性。在公司成立初期,我们的目标是找寻一些以低于其本身流动资产值的股票(Net-Net 股);到了 20 世纪 80 年代,这类股票越来越难找,所以我们便开始物色以低于其分拆市场价值或持续经营价值出售的股票。"

"若有人问到我们的投资策略,我会说我们是格雷厄姆价值投资的改良策略。本杰明选择买入那些以低于其流动资产值的股票,所以重点大多放在企业的资产负债表,而并不在意企业性质。我们跟本杰明的计算观点相同,但我们更考虑到企业的质量及其资产质量。我们会观察企业的周转情况,并评估它们的资产价值，如土地、知识产权及企业品牌价值等。"

"尽管我们比较喜欢投资一些被忽略的中小型企业，但实际上我们也观察很多大型企业。无论企业大小，最终的投资重点在于股票的市场价格及其真正价值的对比。只要一项投资具备安全边际及下限风险的话，我们便感兴趣。"

"有一点必须说明的是，我们是'绝对'价值基金经理，我们从不理会相对估值。假如某家企业的市盈率是 20 倍，但同行却是 30 倍，我们不会盲目认定这是投资机会。较低的市盈率会令我们产生兴趣，但最终还是需要分析它们的资产负债表、盈利、流动资金及营业额等。此外，我们喜爱与管理层见面，评估他们的管治能力及市场策略，才做出最终投资决定。"

"选择股票时，我们宁可投资在流动资产稳固及负债低的健康企业，也不愿选择拥有庞大当前盈利但负债高的公司。这类型的企业我们称之为'坠落凡尘的天使'（fallen angels），它们拥有良好的市场及金融地位，只不过有暂时性的问题。若是那企业具有足够的资源和能力去解决这些暂时性问题，从而令盈利改善的话，则它的股价最终必定回升；但假若它的问题持续、盈利依旧，我们便会更深入研究其资产负债表，看看它是否拥有一些有价值的资产，有时候这些资产会极具吸引力，甚至可以令企业成为理想的收购对象。"

数年前，托马斯注意到位于洛杉矶的加州超市连锁店 Thriftimart。它持有的物业价值是基于 1930 年的估值，所以投资者大多忽略了它的真正价值。了解到其资产十分牢固，而且价值远超它的股价，于是托马斯每逢低位便不断增持，他持有 Thritimart 的股票已超过十年，当 Thriftimart 最后被收购时，其按年投资回报（annualized investment return）远远超过道琼斯或标准普尔 500

指数。

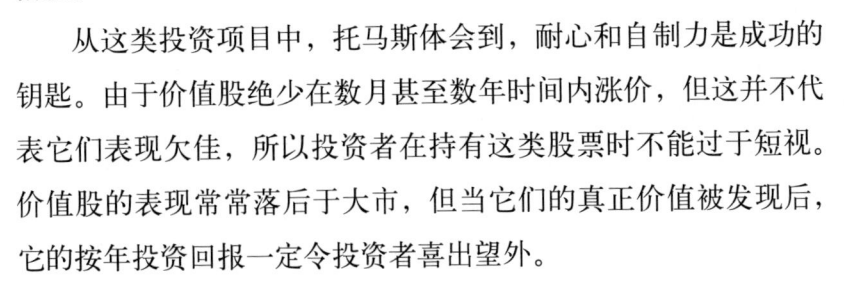

从这类投资项目中，托马斯体会到，耐心和自制力是成功的钥匙。由于价值股绝少在数月甚至数年时间内涨价，但这并不代表它们表现欠佳，所以投资者在持有这类股票时不能过于短视。价值股的表现常常落后于大市，但当它们的真正价值被发现后，它的按年投资回报一定令投资者喜出望外。

最近托马斯又发掘到席姆斯公司（Syms Corp）。这家企业在2011年申请破产保护令，它的业务是以折扣价售卖时尚品牌产品。虽然它的零售业务有所亏损，但席姆斯拥有横跨美洲东部的地产项目，总值超过1.5亿美元，但其市值只是地产值的一半。

"假如这企业没有任何变动，它那低估的股票可以无限期地维持偏低价。我们常问有什么催化剂能令这天使企业复苏？要找出答案，直接与企业管理团队对话是最有效的方法。我喜欢跟企业管理层联络，以便评估他们的能力和性格，以及了解他们的思维模式，从而让彼此对事情达成共识。我会表现友善，在对话时望向对方的眼神来辨别他们的性格。观人于微，这种方式非常有效。"

对于小型至中型企业，托马斯大多选择与它们的管理团队直接对话，但对于大型企业，他认为聆听它们的电话会议及出席分析师会议便已足够。"由于我们在投资行业已经有一段很长时间，所以企业的管理层都愿意与我们接触，加上父亲曾经为很多企业安排分析师会议，以增加企业透明度，所以我们认识了许多企业人物。"

以友善的态度与企业管理层相处的确是好处多于坏处，但假若托马斯发觉他们为了本身利益而损害股东利益时，他就不会坐视不理。"虽然我的兄长艾伦已经退休，但他曾代表公司为股东权益做出诉讼。当股东的权益受到损害时，艾伦会表现得十分愤怒和激动，因为一家上市公司不是管理层拥有的，而是属于所有股东及投资者的！"

为了避开这类卑劣的企业行为，托马斯在确信管理层与股东的利益一致时，才决定投资。例如，他要肯定管理人员的薪金相对市场水平是合理的，以及高层管理人持有公司大量股份是从市场买入，还是通过发行认股证得来的。虽说企业以赠送认股证作为鼓励优秀员工并非新鲜事，正确使用可以起到实际而有效的作用，但托马斯宁愿管理人员以他们赚来的金钱直接买入企业股份，这样不但证明管理层对业务充满信心，也表示他们与股东的长远利益是完全一致的。

鲜为人知的证券

托马斯相信，假若一家企业的发展方向清晰、运营模式健全、前景美好，这家企业的价值怎会被市场低估呢？然而，寻找价值必须有逆向思维，发掘不被市场关注但具有良好增值潜力的股票。

托马斯说："价值投资本来就是一种持相反理论（contrarian）的策略，因为价值投资者总是购入不受瞩目的股票，然后等待它在最后变成热门股票。这就好像你在盛行迷你裙的日子里，在平价商店买入一条长裙，或在夏季时购买暖风机，在冬季时购买冷气机一样。"

"商学院大多教导学生发掘具有良好发展前景的优质企业，但当众人都关注这些优质企业时，它的估值大多已没什么安全边际可言。作为长线投资者，我们宁愿选择一些人们缺乏信心的企业，然后分析这种消极情绪是否将会持续。假如它们仍有转机，而股票价值上也给予我们安全边际，那不是更有潜质和下限风险的投资吗？投资的定义是为你的资本寻找财富增值机会，并不是单纯找有增长机会的企业；有时候没增长的企业也能为你增加财富！"

选出这些增值财富的股票，托马斯以传统方法从报纸或计算机上查看不受追捧的52周低价位股票。他说："了解股票的新低及新高价，可以让你掌握市场情绪，这不是高科技的方法，而是数十年来行之有效、用以评估市场的最佳方法。有时候，在这不受热捧的股票名单中，我们会看到某些行业股票同时也被抛售，当遇到这种情况时，我们会尽快找出原因，对每家企业进行分析，从而辨别这些问题对不同企业的好坏之处。除此以外，我们也喜欢参考其他价值基金经理的持股情况，希望从良性及友善的竞争对手身上索取投资概念。"

托马斯认为，现代的散户投资者常以"专家"自居。"情况就好像患病者去看医生，在预约之前，会在互联网上为自己的疾病做研究，然后掌握了自己的病况及治疗方法，到正式见医生时，就会向医生建议应该开的药物。投资却不是这样的，你需要有专业知识和经验，才能够看穿数据背后的隐藏数据。"

他举出富斯国际（Voxx International）的例子。富斯是一系列电子消费产品的制造商及分销商，经美国的主要批发商如百思买（Best Buy）及沃尔玛（Wal-Mart）在全国销售。在2005年，由于富斯没有按时送呈经审核的财务报告，股票交易所便向公司发出退市通知。很多投资者在知悉这消息后都对富斯抱持怀疑态度，但托马斯却认为这是投资良机。在仔细地研究富斯的财务状况并与管理层对话后，他得知问题是一次性，而当事件解决后，公司便会在交易所重新挂牌。

托马斯回忆说:"当时富斯国际的新闻标题十分吓人,驱使投资者恐慌性抛售股票。当我们深入观察富斯企业的盈利和财务状况后,便发觉它们根本未受退市影响,生意如常运作。明确了解退市问题所在后,我们不但没担心,而且开始买入股票。有一点我想强调的是,我们所看的都是公开资料,与管理层私下对话无关。"

"从投资分析,富斯当时每股的账面资产净值是12美元,盈利为75美分,现金流为2美元,但它的股价却下挫至6美元,所以是非常有价值的交易!抱着3～5年的持股年期,我们相信这家公司最终必定会重上12美元水平!"

最终,卡恩兄弟公司决定买入富斯国际,并打算长线持有。当2008年金融危机发生时,富斯的股价急剧下挫,卡恩兄弟公司毫不犹疑地更大手买入;及至2011年时,他们持有富斯国际总发行股量接近11%,成为最大的单一股东。

托马斯认为,他常常过早买入一只股票。"我们是价值主义者,而非机会主义者!我们不会期望能准确掌握入市机会,因为我们只注重公司的实质价值。话虽如此,这不代表我们会一下子大量买入一家企业的股权,我们喜欢购入一小部分,慢慢观察企业的状况和表现,然后增持股数。以富斯国际为例,我们用了2～3年时间才增持至今天11%的股权。"

无论决定是对是错,最重要的是谨记格雷厄姆的格言:"群众的想法与你不一致,并不代表你就是对或错。只要你的数据和推论是正确,你就是对的。"

投资没有退休年龄

托马斯认为，要成为一位出色的投资者，必须懂得控制个人情绪，以及从逆境或顺境中汲取人生经验。以此，他的父亲欧文给他树立了最佳的榜样。他说："投资工作的好处是它没有强制性的退休年龄；年纪越大，智慧会变得越多。我父亲经历过股票市场最蓬勃及最恶劣的时代，他教导我，无论市场处于危机还是疯狂状况，都要保持冷静。有父亲伴在我们的身旁，不但能激励公司上下员工的士气，还能稳定客户情绪。

"真正的基金经理必须经历多个经济周期，才能证明其投资哲学和策略，做到屹立不倒。当中最关键的就是健康体魄。虽然父亲今年已经106岁，但他完全没有停下来，他每周工作五天、每天四小时，他回到公司都进行市场研究，以他的年龄来说，表现着实很不错！有时候，我会致电某家企业的管理层，他们却告诉我父亲已经打过电话给他们了。我的目标是追随父亲的步伐，所以我同样没有退休的打算。"

卡恩父子的相同之处是他们都喜爱阅读。"据我观察，拥有高水平思维的成功投资者都喜爱阅读。父亲看过成千上万本书，他尤其喜欢阅读有关科学的刊物，因此具有广泛的科学知识，所以他懂得将眼光放远、展望未来，期待人类的新突破，而很少回顾或缅怀过去。"

2008年的金融危机及20世纪90年代末的互联网泡沫并没有为卡恩父子带来太大不安，但2010年5月发生的所谓"闪电崩盘"（Flash crash）却令他们困扰，当时道琼斯工业平均指数在数分钟内暴泻了近千点。根据证券交易委员会事后的深入调查，崩盘的原因是高频交易（high-frequency trading）触发了基于数学算法的自动电子交易系统,于是计算机根据程序指示自动抛售大量股票。

托马斯评论:"股票市场的正常表现基于投资者的信心,但那些过度沉迷于计算法交易的投机者采用数学程序及科技工具在市场上进行迅速买卖,以赚取利润,这不单会对市场造成极大动荡,更会削弱个别投资者的信心。他们根本就是将股票市场变成了赌场。"

对于市场推出"交易所买卖基金"(exchange-traded funds, ETFs),托马斯同样感到不安。"产品推出初期,一切都没大问题,但当华尔街的证券交易商企图在这业务上找立脚点时,情况就变得不正常了。由于ETFs要求持续平仓,这些交易商就设计了杠杆ETFs,为个别股票设计了非必要的涨跌波幅,为市场提供了更大的炒作空间。这情况对于那些希望长线投资在优质企业股的投资者十分不利。"

回顾过去,托马斯认为从前证券经纪公司向投资者收取由纽约证券交易所规定的固定佣金,虽然制度有其弊端,但它对个别投资者进行过度频繁的交易具有一定阻力;当佣金制度在1975年被取消后,折扣式经纪及电子经纪相继出现,鼓励投资者进行频繁的股票交易,间接造成了今天市场上的投机风气。

"总结而言,今天虽然频繁交易仿佛已成潮流,而慎重的长线投资已不合时宜,但我仍然与市场趋势逆向而行。市场上的过度动荡在短期内会对我们构成损失,但只要我们保持自制力及忍耐力,市场动荡也可为我们创造投资机会,让我们以更低的价格买入股票。只要我们谨记安全边际的重要性,那些被忽略的价值型股票最终必会备受瞩目的。"

威廉·布朗
(William Browne)

特威迪布朗基金公司
Tweedy, Browne Company

第四章
全方位企业分析师

> **假如你尊重自己的名声，你便应与品行端正的人做伙伴。为此，宁愿孤单一人，也不要与不正直的人为伴。**
>
> 乔治·华盛顿（George Washington）
> 美国前总统

威廉·海瑟灵顿·布朗（William Hetherington Browne）是特威迪布朗基金公司的执行董事及投资经理。特威迪布朗基金公司创立于1920年，初期是一家证券行，至1959年改变业务模式，采用本杰明·格雷厄姆的价值投资哲学，开始为客户管理资产。1997年，公司合伙人对公司进行资产重组，促使公司将70%股权售给联营投资管理集团（Affiliated Managers Group）。

布朗自1978年起于特威迪布朗基金公司工作，至今已有超过40年的投资经验。公司的执行董事：布朗、约翰·斯皮尔（John D. Spears）、托马斯·斯拉格（Thomas H. Shrager）及罗伯特·韦科夫（Robert Q. Wyckoff Jr.）负责管理合计126亿美元的资产。

特威迪布朗公司自1993年起管理互惠基金，公司产品包括：环球价值基金（Value Global Fund）、环球价值基金II（货币保值）、价值基金（Value Fund）及全球高股息收益率基金（Worldwide High Dividend Yield Value Fund）。于1993年推出的环球价值基金，在2011年年底时拥有约44亿美元的资产。该基金创办至今，平均每年回报率为9.47%，跑赢了同期4.29%年均回报率的摩根士丹利欧澳远东（MSCI EAFE）指数。

威廉·布朗说："当你问身边的人，股票是什么东西？相信每个人的答案都大不相同。"对我来说，股票代表了企业的股东权益。如你相信股票是一项投资，那么在做出决定前，自然会仔细分析和计算该投资的价值。"

　　出生于1944年的布朗，父亲侯活是证券行的合伙人。"霍斯特·伯温·特威迪（Forrest Berwind "Bill" Tweedy）于1920年创办了特威迪证券行，而我父亲在该公司任职股票经纪。至1945年，父亲和乔瑟夫·赖利（Joseph Reilly）成为公司的合伙人，所以证券行易名为特威迪·布朗及赖利公司。"

　　虽说父亲是证券行的合伙人，但公司毕竟规模很小，收入微薄，所以布朗在年少时经常四处寻找机会以帮补家计。他回忆："我年少时跑遍邻近地区收集旧报纸，然后以每磅1美分出售，赚取零用钱。我的童年日子非常充实和愉快，而印象深刻的是邻居的一位大哥哥在朝鲜战争爆发时死去了。我的人生可说是非常幸福了。"

　　年轻时的布朗经常走到父亲的办公室，听他讲述华尔街的故事。青年时每逢暑假，他也必到父亲的证券行当"跑腿"，将一叠叠的股票送交其他经纪行。这工作令他遇到很多不同的人物，包括最富有的投资者沃伦·巴菲特。

20世纪四五十年代,美国的投资业界规模很小,有相近理念的投资者常常聚在一起,当中包括"华尔街教父"格雷厄姆的众多信徒。那时的投资环境为特威迪·布朗及赖利公司造就了进驻华尔街的机会,而它的业务模式更吸引了首批价值投资者。

布朗说:"在20世纪20年代,特威迪先生把自己定位为专营非上市及不受追捧的企业股的证券商。他认为集中于该领域上,公司的业务会有较小竞争。他经常出席企业的周年大会,把出席股东的名字和地址记录下来,然后寄出明信片来推荐自己公司的业务,渐渐地建立了客户网络。"

"最终,特威迪成为证券商中主要买卖冷门证券的渠道。这类公司无论在流动资产净值、市账率或市盈率的折让价上都非常便宜,所以便顺理成章地吸引了以寻找廉价股票为理念的格雷厄姆,成为了特威迪公司的最大客户。"

随着格雷厄姆和特威迪公司的业务日渐增多,特威迪租下了格雷厄姆隔壁的写字楼,方便大家合作,也为外勤人员省回不少送递文书的时间。"当格雷厄姆决定在1955年退休时,他的研究分析师沃尔特·施洛斯(Walter Schloss)决定创立自己的基金公司。施洛斯为了降低营运成本,便分租了我们公司内的一张写字台。我还记得当时施洛斯的写字台是位于大门和饮水机之间,所以每次同事接水时,他都要站起来让位。"

"20世纪50年代,巴菲特也进入了格雷厄姆的公司工作,他也会来到我父亲的办公室聊天。当巴菲特在60年代末收购巴郡时,我父亲是替他买入股票的主要证券经纪。"

"到了1959年,格雷厄姆的另一位门生托马斯·纳普(Thomas Knapp)加入了我们的证券公司,并提出彻底改变我们

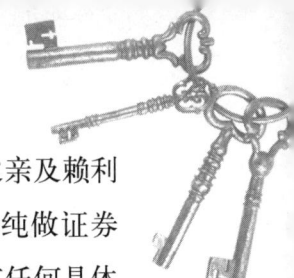

的企业模式，这可说是公司的转折点。纳普当年对我父亲及赖利说，公司拥有优良的网络，搜集低价值股票。与其单纯做证券商，不如筹集一些资金，进行内部投资。当时公司没有任何具体的投资理论，而纳普的出现，令我们变成了今天的价值投资者。"

赖利在1968年退休后，公司易名为特威迪·布朗·纳普。此后，在20世纪70年代，当公司注册为投资顾问时，公司再易名为特威迪布朗，并开始为个人及机构投资者管理资金。

从证券商演变为投资公司后，布朗间接参与了众多投资天才的讨论。秉承父亲的格言："无人能单纯从说话中学习。"每当布朗到公司探望父亲时，他偶然看到巴菲特、查理·芒格（Charlie Munger）、纳普和爱德华·安德森（Ed Anderson）坐在办公室内的一张大圆台聊天，他便耐心聆听投资的定义，所以久而久之，在耳濡目染下他对价值投资有了认识。尽管如此，布朗坦言起初并无打算实践价值投资。他毕业后在投资市场摸爬滚打了数年，认识到不同的理论后，最终才发现价值投资才是成功的真谛。

价值的绕道

布朗于1967年在纽约科尔盖特大学（Colgate University）的政治科学系毕业后，便到厄瓜多尔参加了和平队（Peace Corps），当了两年义工，协助推行扶贫计划。他解释："我毕业后只有两项选择，一是加入军队远赴越南参战，二是加入政府志愿服务组织（如和平队）做义务工作，我选择了后者。"

回到纽约市，布朗于1970年结婚。需要维持家庭生计，但又打算继续学业的他，最后找到了在爱尔兰进修的机会。"一位在厄瓜多尔认识的朋友告诉我，都柏林的三一学院（Trinity College）

新办一个商业管理硕士课程,学费只需200英镑,我认为学费便宜,便报名入学。"

布朗在1971年取得硕士学位后,正式回到纽约找工作。他无意追随父亲的步伐,于是在纽约银行找到财务分析师的工作。"在那里,我积累了高质量的工作经验,我学到很多基本金融分析知识,及如何计算企业的价值。不过,那时我年少轻狂,总希望尝试不同的东西,所以在不久后便辞职,然后与蔡至勇(Jerry Tsai)成为同事。"

蔡至勇曾任富达公司(Fidelity Investments)的动力基金经理,在20世纪60年代美国股市的沸腾岁月(go-go years)广为人知。在1965年,他创立了以进取型增值的曼克顿基金(Manhattan Fund),赚取了数百万美元。布朗忆述:"我随着蔡至勇四处奔走,但对于他如何选股却毫无头绪。在我眼中,他的选股方法根本不合常理,甚至与我今天的做法完全相反。就在那时,每逢午饭时间,我都会跑到特威迪布朗公司,听取那些价值投资前辈的意见,而我也逐渐认同价值投资法的理念。"

布朗后来离开了蔡至勇,加入德崇证券投资银行(Drexel Burnham Lambert)担任分析师。德崇证券以处于困境的公司为投资对象,后来因参与垃圾债券市场而臭名远播。尽管布朗在德崇证券所获得的投资经验有别于他跟蔡至勇所学的东西,布朗同样觉得德崇评估企业价值的方法令人费解。

1978年,当布朗踏入34岁时,他最终决定停止探索投资世界的其他领域,加入特威迪布朗公司工作,正式晋身价值大本营。他最初负责监督买卖及经纪业务,随着父亲逐渐引退,布朗在分析及管理投资组合上慢慢扮演更重要的角色,及至1983年,布朗也成为了公司的合伙人。

统计学以外的价值领域

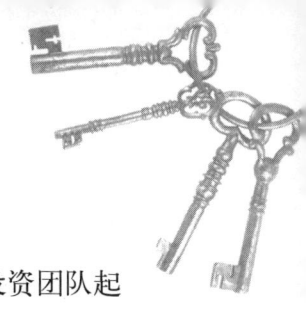

特威迪布朗公司信奉格雷厄姆的投资理念,所以投资团队起初集中发掘 Net-Net 股,即那些价格低于其流动资产净值的股票。布朗认为"格雷厄姆采用的是统计学,而他的价值概念很简单,那就是单纯发掘一些达到他所制定的统计标准的股票,例如企业本身流动资产值或清盘值是股票售价的三分之二。"

其中一位 Net-Net 投资权威包括施洛斯。"我年纪很小的时候已认识施洛斯。他是独一无二的投资者。他只使用价值线(Value Line)量度不同投资项目,而他一直应用这个投资方法却能跑赢大市差不多半个世纪,实在不可思议。"

"另外,已经退休的安德森在 1968 年加入我们公司,成为合伙人,采用与施洛斯相同的策略。安德森把《全国股票摘要》(National Stock Summary)及《波尔卡银行指南》(Polk's Bank Directory)内记载的每一只股票进行详细记录,然后找出具有良好安全边际的价值股。起初,他的研究很有效,但当计算机科技开始普及后,投资业的竞争愈来愈大,Net-Net 股受到更多投资者追捧,间接把这些股票的价格推高,缩小了它们的安全边际,令真正的 Net-Net 股变得不再易找。"

自 20 世纪 80 年代起,价值投资模式开始转变,进行杠杆收购(Leveraged buyout)的投资公司冒出来,它们为了并购企业而大量举债,将"价值"概念带到另一层次。布朗说:"这些投资者基本上与今天的私募基金投资者无异,他们主要物色一些拥有持续收入来源、零负债及合理市盈率的企业,然后收购。虽然他们为了收购这些企业而承担了巨额债务,但由于这些企业拥有可预期的流动现金,他们最终都可以清偿债务,赚取理想回报。"

"因为我们公司拥有大量符合杠杆收购公司条件的低估值证券,所以很多著名投资者都拜访我们,寻找廉价企业。我们的团队聆听他们的策略,了解他们的价值模式。他们也间接教给我们一套认识股票的新概念。虽然我们对杠杆收购企业不感兴趣,但这间接令我们了解怎样分析优质企业。"

　　布朗和他的团队在认识了杠杆投资者的企业价值模式后,便开始研究企业的架构和性质。他们发觉,相对于格雷厄姆在投资统计学上所找寻的廉价企业,投资于优质企业的长线回报更佳。简单来说,以统计法评价某家企业,方法就是分析企业的过去及当前业绩表现,以及其资产净值。若以企业估值法对同一家企业进行评估,则加入了企业赚取利润的潜力。例如,企业估值法会增添无形资产的考虑,如药物专利权、品牌及定价能力等。

　　布朗解释:"假如你以统计法找寻廉价企业,其价值就会来自非业务性质的资产。它们若非拥有大量现金,就是拥有价值高昂的资产。这策略在从前十分有效,因这些股票都以巨大折让价出售。但时至今天,除非市场出现重大调整,否则再不容易找到这类便宜的 Net-Net 股票了。此外,如果这些在统计学上定义为便宜的股票所提供的折让率不大,你的投资回报就会收窄。当你卖出股票时,投资收入税款就会占去部分盈利。"

　　"在你买入一家优质及可持续发展的企业后,随着时间推移,企业的收益会自动创造复式回报。换句话说,你不需要进行频繁交易,也不用对股价的日常升跌过分担忧。大前提是,你必须相信,股票是代表投资一家企业的证书,不是投机者的入场券。"

　　"发掘优质企业的美妙之处是,你可以长时间持有它,因为优质企业的组织完善、适应力强。只要它的管理层及生意模式具有竞争力，企业就可持续投资本身业务，从而为你的投资带来价值。"

布朗举例说明优质企业及次等企业的区别："假如你经营的企业以一美元或一英镑的价格出售纸张，而你的同行以略低的价格出售相同的产品，我当然会光顾他。但如果你以一美元出售一杯约翰尼·沃克（Johnnie Walker）威士忌，而你的同业以较便宜的价格出售一杯不知名品牌的威士忌，我却会选择约翰尼·沃克，原因这就是优质企业的区别！"

"根据统计法则，假如纸张公司的股票以其流动资产净值以下的价格出售，而其折让率又有吸引力的话，在从前，我们早就会入市，但在今天，我们宁愿以一个相对较高价格买入尊尼获加企业的股票，而放弃纸张公司，因为前者具有较长线的竞争力。"

设定全球性标准

尽管特威迪布朗公司的估价方式看似偏离了格雷厄姆的投资理念，但布朗强调，他们的投资哲学仍然完整不变，其基本框架依然紧贴格雷厄姆所宣扬的概念：股票都有两方面的价值，一是当前市场价格（market price），二是企业的内在价值（intrinsic value），也就是与资产相关或根据其基本业务计算的价值。

布朗又强调，他与团队仍然以统计法发掘合适的股票。任何股票必须先符合他们所制定的严格标准，他们才会对企业做进一步分析。这些标准包括：低市盈率（P/E ratios）、高股息比率（dividend yields）、低市销率（price-to-sales ratios）或低市现率（price-to-cash-flow ratios）。虽然他们没有为"低"做出硬性定义，但这个水平是根据企业过去的平均价值比率，或企业及其行业的增长潜力所拟订的。

对于他们感兴趣的企业，除了以统计法做考虑外，布朗及团队会更深入探究企业的架构，当中包括股权及债务的评估。最后，他们会评估其业务素质及管理团队的能力。多年来，布朗的公司已为企业分析过程建立了一套名为PUCCI的程序，P代表价格（Pricing）、U代表资产（Units）、C代表成本（Costs）、第二个C代表竞争力（Competition）、I代表内部持股（Insider ownership）。

布朗及团队也曾调查跑赢指数的方法，最后设定了17项标准来判断盈利前景或价值，让投资者思考。这些标准为：毛利边际利润（gross profit margins as a percentage of sales）、一般开支（general expenses）、经营杠杆（operating leverage）、税前盈利（pre-tax profit margin）、一次性开支或收益（one-time expenses or profits）、商誉（goodwill）、市场平均盈利（consensus earnings）、增长前景（growth prospects）、现金管理（cash management）、投资活动（investing activities）、行业竞争形势（competition landscape）、并购及收购潜力（merger and acquisition potential）、投资价值（Investment valuations）及内部持股和活动（insider ownership and activities）等问题，以考虑企业股票的定价。

布朗说："人们常以为所谓价值，就是在废物箱寻找有用的垃圾，零成本获得，并以一美元卖出。这概念绝不正确，因为真正的价值是买入一家能长线为你赚取回报的优质企业。我们的工作就是要发掘一些售价比其真正价值低，而又能稳定增长的企业。我们以有系统的程序把它们识别出来，并有理据地评估。我们偶尔会跟不同的企业要员会面，以便掌握他们过去的业务表现及未来发展大计，但这些会议内容并非促成投资的先决条件，最终仍取决于我们对企业性质的认知和分析。"

在早期，布朗及团队只投资美国企业，但到了20世纪80年代中期，他们计划进行全球性投资。布朗解释："我们在英国有很多客户，而这些海外客户经常和我们分享他们的价值理念，并向我们推介其本土股票，所以我们开始注意这些股票的走势。此后，计算机和互联网科技让我们更容易获得这些海外股票资料，所以它们便成为我们在投资研究上的拓展部分。毕竟，我们认为价值投资应该是放诸四海皆通的方法，而不应只局限于美国。"

把统计法、企业估值法及全球性投资结合应用起来，布朗举例他买入了一家拉丁美洲的装瓶商泛美公司（Panamco）。首先，该公司符合了投资团队所制定的统计数据标准。第二，该公司在拉丁美洲的市场定位独特，代表它具有良好的增长潜力和竞争力。最后，引用企业估值法，该公司估值可以轻易上涨50%。

布朗以每股15美元的价格买入该企业的股票，但股价迅速下滑，所以他决定进一步增持。在2003年，可口可乐FEMSA公司以每股22美元并购了该公司。布朗表示："首先，我们并不害怕股价下跌。假如那是一家优质企业，我们会不断增持股票，长线持有。"

"其次，我们早在20世纪90年代初开始发展全球性业务，就是现在所说的全球化。其实，当这个名词出现之前，很多公司已蜕变成多方向、多地域的投资发展。正如IBM和可口可乐公司一样，他们在认识了不同地方的文化后，将资金投向世界各地。其他跨国公司如雀巢（Nestlé）或帝亚吉欧（Diageo），也是从欧洲基地拓展至美洲的大企业。"

"最后，投资不能只看数字。例如，在2011年，很多欧洲银行都可能符合市账率或市盈率的统计标准，但问题是你不能确认其资产的真正价值，也不清楚哪些因素可以推动行业的未来发展。我认为分析企业时，关键是集中于自己的长处和能力范围。"

布朗指出，在企业分析的层面上，他的意见有时会与分析师的报告并不一致。"当分析师认为，某企业在短期内没有什么消息吸引投资者，但长线而言却很有潜力，这代表什么？与其从技术角度取巧，何不脚踏实地，理智并客观地分析企业实质价值？"

投资是社会科学

布朗相信，投资并不是自然科学，而是社会科学。"投资是由人们做主导，而在大多数的时间里，人们都是不理智的！在投资活动中，你所要做的，是发掘一些能够在市场上持久生存的企业，然后以你的方法，捕捉入市时间。"

"很多人都会凭直觉投资，但没有依据支持他们的感觉或理论。我们公司建立了一套投资程序，它既合乎逻辑，也没有时限，而且在任何国家都适用，所以它具延续性。我相信，业务基础、企业管理，甚至政府政策，都会导致股票价格浮动，从而影响投资者的情绪，所以这世界其实并没有一套永恒不变的投资法则，但可以有一套备受公认的投资分析程序，从而建立一套令人信服，与时俱进的投资指南。"

大部分投资者都享受股票市场的炽热趋势及其带来的刺激，布朗却怀疑价值投资者是否患上一种名为心神过度平静（ataraxia）的罕有心理疾病？

他笑说："这种心理病的病征是：不会表现忧虑、不执着于任何事情。价值投资者总是常抱着冷静和自觉的心态，所以他们

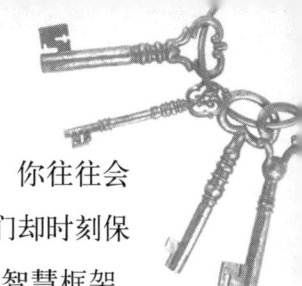

有可能患上了这种心理病。毕竟,当你每天阅读报纸,你往往会被文章的意见和评论所影响,但作为价值投资者,我们却时刻保持心境平静。能做到这一点,你需要有强烈的情绪及智慧框架,让你客观处事并有宏观的视野。"

布朗以价值投资为核心,避免思维受群众影响,所以他综合团队的意见,并以分散投资模式来减低投资风险。

"进行全球性的分散投资,可以将国家因素及企业因素所引发的风险降至最低。此外,很多价值投资者的想法相近,为免随波逐流,分散投资也是好方法。一些投资者问,为什么要将资金分散投资在数十只股票,而不集中于十大表现最佳的股票。诚然,我们实在无法肯定哪十只股票会有最佳表现,所以我们宁愿分散投资。"

"最后,分散投资法也令我们不会对所持有的特定股票过分着迷。有时候,优质企业的股价在短期内会停留不动。假若我们对它过于关注,有时会做出愚蠢的买卖决定,所以分散投资可以令我们减少这方面的忧虑。"

谈到团队组合,布朗说:"我们固定有最少13位分析师为公司物色投资机会。他们拥有不同背景,具备不同方面的知识,让我们可以发掘不同国家的优质企业。尽管我们的投资理念相同,但想法有时并不一致。所以当其中一人提出某项建议时,我们便会聚在一起,进行公开及理性的讨论。"

"为防止出现集体思维,我们尽量表现客观,所以团队的每位成员都可以公开、自由地发表其顾虑和意见,从而令大家学习和进步。我们尽量公平对待每一位员工。即使某位分析师在某年表现出色,而其他人只表现平平,这并不代表前者必然比后者赚到更多收入。我们明白,每个行业都会经历经济周期,所以只要每位分析师做好充分准备，他们最终也会有发挥的机会。"

做出投资决定时，布朗及其执行董事便会进行公开投票，以决定是否入市。"假设结果拉平，我就会想，背后的原因究竟是什么？原因通常是有些人希望以更低的价格购入股票，或觉得有更好的投资选择。这个投票机制的意义是鼓励公开讨论，以及确定我们有一套投资程序，而并非凭直觉选股。"

市场前瞻

布朗是一位很有时间规律的投资者，他每天早上5时30分起床，查看彭博（Bloomberg）的最新信息后，7时左右便会从家中出发到公司，直至下午4时股市收市后，才前往健身中心做运动，一小时后便回家吃晚饭，然后晚上8时左右当亚洲股市开市时，他偶尔会致电亚洲分公司的同事互相讨论。

布朗对投资的热诚，是通过企业分析去认识世界，以及保持积极的心态。这数十年来最令他不高兴的，是市场以科技之名，间接令股票市场变得更波动和过分投机。

"到目前为止，出现在我职业生涯中而又令我觉得最费解的问题，就是互联网泡沫。我认为整件事的起因纯粹是人云亦云及传媒哗众取宠，绝无实质价值可言。当年，由于科网股冒起，任何关于互联网的股票价格天天上升，令我们心仪的优质企业都落后于大市，为我们带来了颇大压力。当时，一位投资者写信给我们说：'猫王（Elvis Presley）已死了多年，醒来吧！请面对现实。'最终科网股崩溃，证明了我们的投资模式是正确的。"

"科网股，高频交易（high-frequency trading）及交易所买卖基金（exchange-traded funds, ETFs）的推出，为市场制造了投

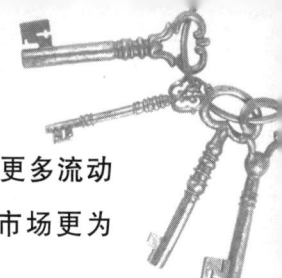

机借口。人们辩称，这些科技带来的产品为市场增加了更多流动资金，并改善了买卖之间的差价。实际上，它间接令市场更为波动。"

"股票市场是企业融资的渠道，而投资股票是市民储蓄的途径。一般来说，人类是应该有情绪及感情的动物，所以因市场动荡而影响情绪是人之常情。但当所谓的流动资金增加及科技进步而令市场出现大幅波动时，人们就会变得恐慌，导致不理智的买卖；接着全部储蓄蒸发、家庭破碎，难道这就是进步吗？"

"现在的证券交易所都是上市公司。为了给股东谋求最大利益，它们会与不同机构合作推广一些要求活跃买卖的产品，务求赚取更多佣金。难道这就是文明，是市场为我们服务的根本宗旨吗？"

谈到华尔街应具备更完整的体系及更廉洁的系统时，布朗提到一位受到高度评价的人物：施洛斯。

"施洛斯是我的榜样。首先，他从不沾手不正当交易。其次，管理基金时，他明确知道自己对投资者所要肩负的责任。为了保障他们的利益，他自始至终专注于不亏本的策略。在父亲与他共享办公室的时期，父亲跟我说过：'假如你跟施洛斯有任何分歧，你必须尊重他，因为他永远是一位诚实的人！'现在，像施洛斯那样正直的投资者少之又少。"

在布朗的人生中，他一直站于价值投资巨人的肩膀上。他学会了在股票市场上该做及不该做的事。不管市场在未来将有什么变化，价值理念都会是他的最后防线。作为投资者如是，做人也如是。他概括了投资信念："朋友和客户可以原谅你在股票市场上所犯的投资错误，但他们绝不会原谅你有任何不正当及不诚实的行为。抱着正直态度，才是价值的首要原则！"

吉恩·马里·艾维拉德
(Jean-Marie Eveillard)

冠鹰基金公司
First Eagle Funds

第五章
时间炼金术师

> **假如你想追求真理，你必须对世间所有事物抱持怀疑态度。**
>
> 勒内·笛卡儿（Rene Descartes）
> 法国哲学家

吉恩·马里·艾维拉德是一位法国籍的价值投资者，拥有26年资产管理经验，1979—2004年管理着冠鹰环球基金（First Eagle Global Fund），基金取得4 393.08%总回报率，年均回报率15.76%，同期摩根士丹利世界指数（MSCIWorldIndex）的总回报率是1514.25%，年均回报率11.29%。

在2004年退休以前，艾维拉德除管理冠鹰环球基金外，也管理在1993年发行的海外及黄金基金。海外基金主要投资美国境外股票，其总回报率为357.58%，年均回报率14.36%，跑赢了同期的摩根士丹利欧澳远东指数（MSCI EAFE）的83.54%总回报率和年均回报率5.5%。

艾维拉德是极受业界推崇的投资者，2001年获晨星（Morning star）基金研究评级颁授年度基金经理奖以肯定其成就。2003年再次获晨星颁授基金经理终身成就奖。艾维拉德现居于纽约，以半退休状态担任冠鹰基金理事会会员及高级投资顾问，以及冠鹰投资管理有限公司副总裁。

\u3000\u3000**艾**维拉德承认，他经历了17年痛苦的投资岁月，才能实践价值投资。他娓娓道出往事："我于法国的高级商业研究学院（Ecole des Hautes Etudes Commerciales）毕业后，1962年加盟法国兴业银行（Societe Generale）当分析员。那年代，投资者的热门话题是寻找高增长企业，因此，我便负责研究高增长股票的工作。"

\u3000\u3000"其实，在兴业银行工作六年后，我已发觉高增长投资法（growth investing）并不适合我的性格，所以计划转换工作。我对老板表达了想法后，他挽留我并把我调职到纽约分公司，尝试不同的工作。当时仍是单身的我一口便答应了。1968年移居美国工作，虽然环境改变了，但我仍分析高增长股票，到头来我的工作依然如故。"

\u3000\u3000接下来的六年，艾维拉德担任纽约及巴黎分行的联络人，主要研究美国热门及具吸引力的企业股。尽管他不肯定什么是更好的投资方法，但他认为高增长投资法有太多过于进取的假设，让投资分析完全没有犯错的余地。

\u3000\u3000在寻找适合自己性格的投资法时，艾维拉德偶尔听到本杰明·格雷厄姆的名字。"移居纽约后，我认识了几位哥伦比亚大

第五章\u3000时间炼金术师

学的法国籍学生。我们在中央公园骑单车时，谈到自己对高增长投资分析感到失望，他们便建议我参考前哥伦比亚大学教授格雷厄姆的著作。阅读《证券分析》及《聪明的投资者》后，我突然茅塞顿开，欣然找到了一套适合自己的投资概念。"

艾维拉德成为价值拥护者后，曾尝试向同事介绍《聪明的投资者》所提倡的价值理念，可是无人问津。既然在纽约找不到知音，他于1974年要求调返巴黎。返回法国后的四年里，艾维拉德经历了他事业上最痛苦的岁月。他真诚信奉价值投资理念，却被迫采用高增长投资法，直至1979年，他再次调回纽约市工作，这次新的职务是负责管理一个小型环球投资基金。

"上司明白我对工作非常不满，又不想终日听我讲解价值理论，便把我再次派到纽约分行，管理1 500万美元资产的索根国际基金（SoGen International Fund）。由于基金的规模很小，巴黎总公司并不重视它的业绩。开始时，只让我一人运营这基金，直至1986年管理层开始留意到我为基金带来的可观回报，才批准聘请分析员来协助投资研究工作。"

回顾当年，艾维拉德不明白为何自己如此钟爱价值投资法。也许考究他的成长历程能提供一点线索。

泪之谷的投资态度

艾维拉德出生于1940年法国中西部的普瓦捷（Poitiers），父亲是铁路工程师，母亲是家庭主妇。他出生那年，法国陷于第二次世界大战当中。为了逃避炮火，全家搬到普瓦捷以南的小村落。

艾维拉德说："我父母育有五个儿子，而四个都是在战乱期

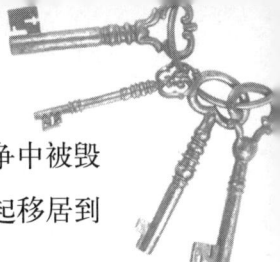

间出生的。大战结束后，父亲被国家任命负责维修在战争中被毁坏的火车铁路，调派到德国的法籍工作区，所以家人一起移居到那地方。"

"世事无常，生活总要继续。我童年最深刻的回忆是牧师在弥撒中说我们都是罪人，是痛苦地活在世上的弱者，因此我们永远不会得到真正的幸福和快乐，直到我们往天国去。那牧师还说我们是活在'泪之谷'。"

"当我知道活在世上是永恒的失望时，我不再寄希望于可以活得快乐。长大之后，我问那些不快乐的人为何去见精神病专家。若生活根本就是不快乐，你根本不需要帮忙，你只须努力继续向前走！"

"正因如此，我想我不喜欢增长投资法的部分原因，是它假设了这个世界是完美而可以预期的，但事实并非如此！成为价值投资者，我必须承认我无法掌握未来，所以我投资的先决条件并非赚取巨额回报，而是避免亏本。"

"问题来了，纵使我认为价值投资是有效的方法，为什么市场上的价值投资者寥寥可数？我想这跟人类心理学有关。作为价值投资者，你是长线投资者，必须接受短期回报比大市落后。这挫败会令一般人承受很大的心理和财务压力。我并非说价值投资者是自虐狂，但采用这种投资法必须接受这个事实。"

"了解到世界变化不易掌握，你自然会学懂谨慎及保持耐心的重要。同时，你会变得谦逊。当你能保持这种态度来寻找投资目标，锁定安全边际，确保购入价格在预算之内，最后便是耐心地等候价值的出现。正如格雷厄姆所说：'在短线来说，股票市场是一个投票系统，得票越多的股票，价格便越高；但在长线而言，它是一个天平，最终会量度出股票的真正价值。'"

低效率市场

1979 年开始管理投资基金，艾维拉德注意到很多同业的基金经理并没有清晰的投资准则，他们只是预测市场走势来买卖指数成分股而已。把自己定位为价值投资者，艾维拉德与群众背道而驰，专注发掘他人忽略的低估值股票。

"我颇为幸运，当接管基金时全球经济正在复苏，股市则稍为落后。一开始，我采用格雷厄姆的方法。我仔细观察美国和欧洲的股票，主要留意企业的内在价值。只要它们的内在价值比股价高出 30%～40%，我便买入。由于格雷厄姆的方法倾向于数理法，所以我每天大部分的时间都是专注阅读企业的财务报表，并据此计算其清算价值或流动资产净值。"

"在发掘低估值股票时，我抱着一个概念，那就是股票不仅是在市场上买卖的票据，也是代表着企业的内在价值。如要评估这个价值，你必须估计一位资深商家愿意付出多少现金来买下那企业。计算这个价值时，你必须谨记这并非一个准确至小数的数值，而是根据你的估计所得出的价值范围，而这个范围也会随时间调整，以反映企业业务和市场状况。"

"早期发掘到的价值股来自美国，不论是小型或大型企业都非常有吸引力。到 1982 年，欧洲大陆也开始出现价值股。那时欧洲的小型企业股都以极低价出售，我想其中原因是欧洲大陆相对于美国的企业财务透明度较低，所以股市未能实时反映企业的状况。"

谈到市场效率，艾维拉德的经验令他难以相信学院派所说的"效率市场假设"（efficient-market hypothesis），因为它假定了股票的价格都已真实地反映了企业的最新信息，所以投资者无法跑赢大市。

举例说，艾维拉德于大学时代在《法国生活》(*La Vie Française*)财经杂志社工作。他注意到财经记者大都喜欢为杂志上刊登广告的大企业说好话，对非广告客户的较小型企业却有较差的评价，这间接造成了大小型企业的股值偏差。他也观察到，某些企业为防止工会向管理层追讨利益，便低报盈余。有时候，他们更对新投资者诸多阻挠，不派发或不解释企业年报等相关资料。

"20世纪80年代，曾有基金经理质疑我买入这些小型企业股的做法，因为假如其他基金经理不入市的话，这些股票的价格根本不会上升。他们的想法可能是对的，但我相信，如果股票是便宜的，投资者终将发现它的价值。虽然这可能需要经过三年、五年，甚至更长时间，但只要有耐心，价值是一定会浮现的。"

格雷厄姆发掘低估值股票的方法被证明是有利可图的，但随着世界变得更有效率，这套策略的竞争力也因此而被削弱。幸好，20世纪70年代后期，艾维拉德接触到沃伦·巴菲特（Warren Buffett）这个名字，并有机会阅读很多由巴菲特撰写的巴郡年报，自1980年代中后期开始，他便采用了巴菲特投资法。

艾维拉德说："价值是多元化的，它覆盖了格雷厄姆及巴菲特的不同方法。前者采用纯数理法，后者则除了看重数字外，还进一步包含了企业的长线前景及质量。格雷厄姆的方法较简单和省时，所以我可以独自处理，改用巴菲特的方法则需要较多人力，因此20世纪80年代后期，我便开始聘请分析师，协助进行分析工作。我们花大量时间研究不同企业的特色及持续的竞争优势，也就是巴菲特所称的'企业护城河'（business moat）。"

"20世纪80年代后期，亚洲新兴市场的股票估值也极具吸引力，但因一些国家的政治及经济不稳定而表现不尽如人意。选股时,我们除了解企业本身性质外,也要考虑会计制度的真实准确性。从那时起,我开始关心不同国家的政治及经济环境。"

"不知为何,20世纪90年代时,发达国家的会计诚信却变了质。令人遗憾的是,一些美国大型公司的财务总监开始调整公司账目。他们认为,既然人人都在做同样的事情,这些不诚实的行为已是司空见惯。"

"我开始研究企业时,永远从它的年报入手,仔细阅读当中数字的注释,我要先肯定这些会计数字的可信性,才会做进一步研究。假若有任何数字无法理解,我便将年报扔掉,再研究另一家企业。假若你留意过20世纪90年代安然公司(Enron)的会计数字,你会发现它们的注释全都令人质疑。如当时投资者尝试认真阅读那些注释的话,我相信安然股票一定乏人问津。"

艾维拉德认为,尽管美国会计制度的法例非常详尽,但专业的律师和企业财务总监仍会小心地绕过这些法例,巧妙地操控企业的账目。在欧洲,会计注重原则,因此,一旦违背这些基本原则,公司便是违规。他相信,不管会计准则处于什么水平,投资者最重要的工作是详细阅读企业年报,千万不可假设那些数字必然是正确的。成功投资既要创造杰出业绩,也要避免亏损。当企业的会计数字令人怀疑时,最好的办法就是另觅他选。

价值的真谛

当艾维拉德认为一家公司的财务报告是合情合理的,他便为业务做估值。他说:"我不会进行太多现金流贴现分析,因为业务评估没有必要将计算精准到小数字。我反而会注重企业价值倍数估值法(EV/EBIT)的计算,这个数字是把企业的资产负债值和企业税项及利息支出前的盈利以倍数表示，而这个分析研究的主要目的是让潜在买家大概知道其业务的实际价值。"

"在计算企业价值（EV）时，我会把企业的现金及负债一并包含在内，这样当然比单纯看企业的市场资本更好。接着，我也会参考业务的息税前盈利（EBIT），这可计算出公司所付的利息总额。当然，最理想的业务是甚少（甚至是零）负债，同时我们更希望有较少的利息支出。此外，税额是另一项必须关注的数字，假若公司所付的税率比同业低的话，我们便要找出原因。如果低税率没有实质原因支持，要么是公司在骗税，要么是夸大利润收益。"

对企业做出适当评估后，艾维拉德进行定性分析。这项分析乃针对业务的强项和弱点，研究公司是否具备可持续且具竞争力的优势。

"在2006年退休后，我于哥伦比亚大学教授价值投资法课程，当时令我最感意外的是，竟然在12位同学中有11位认为，定性分析报告须以数十页文字表达。其实，我只是要求他们认真想清楚，然后列出不多于三四项的企业强项和弱点，那便非常足够。"

"此外，我曾遇过一些分析师，他们喜欢侃侃谈论各公司的业务状况，以及讨论某公司如何转亏为盈。我常常称赞他们很优秀，但同时指出，他们越深入钻研某些公司，他们出错的机会也变得越大。以简单投资的方法赚钱并无不妥，毕竟，这就是巴菲特多年来行之有效的投资法。正如他所说，他不会跨越七尺高的栏杆，只会选择一尺高的栏杆，这样才可以轻松踏过！"

在艾维拉德的投资生涯中，除非他已做妥研究及评估工作，否则他绝不会与企业管理层对话。假若管理层感到投资者对企业一无所知，他们很可能为公司描绘一幅美丽的图画。因此，与企业管理团队会面时，艾维拉德不会询问他们的盈利前景或长线经营策略，而是要识别他们的性格。

他解释："询问盈利前景是毫无意义的，假如我们眼光放在更长线，那短期盈利绝不会影响我们评估企业的内在价值。了解其长线运营计划的意义也不大，毕竟世界每天都在变化，没有人能够预测将来会发生什么事，所以我认为更重要的是发掘企业本身潜在的优势及弱点。"

世事无常，艾维拉德绝不相信集中持股法。"我认为，集中投资组合比较适用于牛市。假如在熊市中持股过于集中，你根本无法预知你的持仓会发生什么事。很多人时常问我哪些股票是最好的，但事实上，我根本不可能预知什么是最好的，所以我选择分散投资法。"

由于艾维拉德的投资年期定为最少五年，他并不介意股票价格持续下跌，因为他相信，价值投资者对某项投资已做出过详尽评估，股价下跌之时便是增持的好时机。

"我们不会为持仓设定目标价，但会密切监察这些企业的内在价值，因为它们可能较预期有更佳或较差的表现。我会阅读很多关于这些企业的分析报告，但计算内在价值的工作就会亲力亲为。一般分析报告的时限设定为六个月至一年间，与我们设定的五年投资期有很大差别，因此我们只会参考他们对企业的评价，而不会考虑其目标价。"

很多价值投资者认为在选股过程必须避免跌入"价值陷阱"（valuetrap），那就是从没升幅，跌入冷宫的股票。对艾维拉德而言，"价值陷阱"其实并不存在，但他却认同第三大道价值基金（Third Avenue Value Fund）马丁·韦特曼（Martin Whitman）所提出的"暂时性资金流失"（temporary unrealized capital loss）与"永久资金亏损"(permanent capital impairment)的投资分别。

假设价值70美元的股票以35美元在市场买卖,这就是价值股。一年后当它下跌至25美元,而价值投资者在审慎评估后仍坚信它价值70美元,他就不应该惊惶失措,因为这只股票只是在经历"暂时性资金流失",只要投资者保持耐心,它最终必定会回复至它的真正价值。

相反,当价值投资者对企业的优劣势判断错误,并得出一个误差极大的内在价值时,"永久资金亏损"便会发生,这时价值投资者应马上止损,从错误中吸取教训,然后将心思放在下一个投资目标。

"市场人士所说的'价值陷阱',可能是因为他们的持股期太短。假如股票的内在价值保持不变,即使它的价格下调,它仍然是一只价值股。你不能因为持股期与股票的复苏期不吻合,便称它为陷阱。其实,只要分析正确,保持耐心,市场最终必会认同你的选择。"

对泡沫勇敢说"不"

价值投资者需要持之以恒等待价值股不断增长,遇到市场过度炽热时,更必须鼓起勇气,向泡沫说"不"。

艾维拉德解释:"在生活中,我们除了要知道什么是应该做的,也要知道什么是不应该做的。举例说,20世纪80年代,日本经济出现巨额信贷现象,推动股市上扬,这令我们对日本股票市场感到不安,1988年年中决定卖出所有日本股票。某些投资者质疑我们为何撤出全球第二大的股票市场,但我表示,锁紧利润比继续参与市场狂热是更明智的做法。在接下来的18个月,日本市场进一步上升了30%,似乎证明了我的想法是错误的。到了

1990年，日本股市终于崩溃，但由于我们并没持有日本股票，事件对我们毫无影响，最终证明我们早前的决定是对的。"

到了20世纪90年代后期，类似的情况在美国出现，而这次是科技、传媒及电信股热潮。当时艾维拉德的业绩落后于同业和大市指数长达三年，但他仍然坚持向市场说不。

"当你于第一年落后时，你的客户不会有意见。若你于第二年继续落后，他们便开始紧张。假若你于第三年仍然落后，他们便会离开你！在1997年，我们的基金总资产大约是60亿美元，但在2000年时倒退至20亿美元。那时候，我确实很沮丧，但我仍不断提醒自己，我的做法是为投资者赚取最大的长线利益，所以我必须做正确的事。后来，狂热冷却，投资者重投我们的基金，并赞扬我们的投资纪律。今天，我们冠鹰环球基金的总资产已接近300亿美元。"

21世纪初，简单信贷及低息率的盛行，令艾维拉德联想到20世纪80年代后期的日本，所以他刻意避开金融股。他留意美国和欧洲银行业在20世纪六七十年代时受到严格监管，在那些年，银行股都以轻微低于其账面价值的价格在市场买卖，投资收益是5%～6%。实际来说，它们就好像公用股一样安全却乏味。到了20世纪90年代，法例改变了，银行开始销售投资产品，以及设计其他衍生产品，因而赚取了庞大利润，艾维拉德却开始对银行业架构抱着谨慎态度。

艾维拉德说："首先，金融市场开始膨胀，紧接着20世纪90年代宽松货币政策出台，整体市场渐趋兴旺，及至21世纪初，情况变得更夸张，市场也极具风险。我的担忧得到奥地利经济学派（Austrian School of economics）的支持，他们表示，金融管理局应要小心处理，勿让信贷持续太久及增长过度，因为繁荣以后就是萧条。"

"问题是，凯恩斯和弗里德曼（Friedman）是第二次世界大战后极具影响力的经济学家，他们与很多政治家是好友，可以为很多经济问题提供解决方案，所以有广泛认同。因此，当时根本没有人听信奥地利学派的主张。另外，奥地利学派也发出无助信息，表示当信贷繁荣演变成信贷萧条时，世界将无力挽救，而时间就是唯一治疗经济问题的良方。"

"在2008年后，随着央行推出量化宽松政策、政府增加注资刺激世界经济，使低息率得以维持。假如奥地利学派所言正确，则短期内一切都不会有问题，但中长期内将会出现不能预期的危机，那就是更高通胀率。我们不可忘记，通胀并不单纯是资产价格、消费物价指数、商品价格上升，这些只是表面征兆，实质通胀是货币供应量过多。"

自2008年起，金融世界的发展持续变化，艾维拉德对此有两点忠告：远离金融市场及买入黄金做经济的庇护。

寻找价值保障

阅读过很多关于欧洲法定货币破产的历史，艾维拉德很自然地对黄金有正面看法。毕竟，在不确定的金融体制下，黄金始终是对抗严峻经济环境的保障。作为价值投资者，艾维拉德从不声称自己能了解黄金的内在价值，但在1993年，他基于黄金供求量持续不均的假设，创办了冠鹰黄金基金。

他解释："我成立黄金基金的时机是早了六七年时间。那时我相信，在供求量不均的情况下，黄金的下限风险得到保障，并且具备上升潜力。可是，我最终发现，供求量并非问题的关键，最重要的是投资需求。我们的黄金基金创始资产是 5 000 万美元，至 20 世纪 90 年代末降至 1 500 万美元。到了 2011 年，由于投资需求增加，基金的价值已经超过了 30 亿美元。"

艾维拉德认为，黄金与美元、欧元、日元等纸张货币一样，本身并没有内在价值。然而，黄金可作为代用货币，而且市场上因纸币太多、黄金太少，2008 年金融危机出现后，各种主要货币都变得不再可靠，唯一选择就是把部分纸币变成黄金。不过，黄金价格波幅可达 100～200 美元，所以投资者即使是寻求经济保障，也必须谨慎入市。

艾维拉德列举了法定货币破产的数段历史。例如，1716 年，当法国经历了路易十四发动的数次战争后，国家经济濒临破产，当时的财政大臣约翰·劳（John Law）决定发行纸币及硬币以偿还国家无法支付的债项。在不断发行钞票，并下令法国公民不准持有黄金和白银的环境下，这些经济政策最终引发民怨及报复行动。1720 年，纸币制度崩溃，而曾经名噪一时的劳也落荒而逃。

另一则近代的历史事件发生于第一次世界大战结束后，《凡尔赛和约》规定魏玛共和国必须做出巨额赔款。德国为了抵偿债项，必须发行纸币，但纸币发行量越大，马克的价值便下跌得越快，导致商品价值飙升。最终触发了 20 世纪 20 年代严重的通货膨胀，而很多历史学家认为，这间接导致希特勒的崛起，爆发第二次世界大战。

艾维拉德说："欧洲人在很久以前已知道纸币是不可靠的东西。在美国，自 1971 年尼克松总统宣布关闭'黄金窗口'（gold window）而停止美元兑换黄金后，纯纸币制度至今只是实行了大约 40 年。不过，自 2008 年金融危机爆发后，美国发行了过量钞票，纸币正趋于崩溃边缘。现在大量纸币只换来很少的东西，所

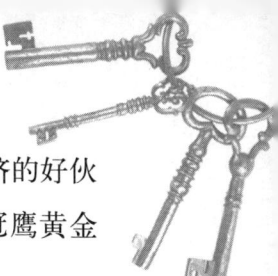

以我们只可信赖黄金。我相信，价值股及黄金是未来经济的好伙伴，所以我把自己的储蓄分别投资于冠鹰环球基金及冠鹰黄金基金。"

2004年，在艾维拉德踏入65岁那年，他决定退休。开始与太太到欧洲及美国各地旅游，享受生活，他们渐渐爱上了艺术品，并开始收藏名画。2007年，在寻找艺术作品期间，艾维拉德接到一个意想不到的来电。

他说："冠鹰基金的继任管理人辞了职，公司希望我能暂时复职，监督着接棒的过渡期。起初，我以为这只是几个月的工作，但找寻适当的接班人比想象中需要更长时间，结果我又工作了两年。"

到了2009年起，艾维拉德终于正式放下公司内主要的职务，只担任冠鹰基金的高级投资顾问。现在，尽管旅游及搜集艺术品是他的嗜好，但他仍然留意着金融市场的发展动态，偶尔也会在商业杂志及电视节目上发表他对全球经济崩溃的看法。

谈到未来，艾维拉德总结说："此刻，最关键的问题是，我们是否仍然处于第二次世界大战过后的经济及金融形势中，我们是否被2008年的金融危机深深影响着？我并无答案，所以我唯一可做的，便是重申安全空间对投资的重要性。作为价值投资者，必须了解并分析企业的特点和优势，处于政府政策能左右金融体制的环境下，同时认识政治也许成了投资者必选的课题。"

弗朗西斯科·
加西亚·柏拉玛
（Francisco García Paramés）

Bestinver 资产管理公司
Bestinver Asset Management

第六章
西班牙股神

> **当你排除了一切不可能的因素，剩下来的，必定就是真理。**
>
> 阿瑟·柯南·道尔爵士（Sir Arthur Conan Doyle）
> 英国作家

弗朗西斯科·加西亚·柏拉玛（Francisco García Paramés）是Bestinver资产管理公司的投资总监。该公司1987年成立于西班牙马德里，最初管理安特卡雷斯（Entrecanales）的家族财产。柏拉玛于1989年加盟Bestinver，并在1992年创办首只基金Bestinfond，继而在1997年发行了Bestinver Internacional全球股票基金。

Bestinfond基金自1993年1月13日发行至2011年，获得1 447%总回报率，或年均回报率15.76%，同期的基准马德里证交所指数（Madrid Stock Exchange General Index）总回报率是329%，年均回报率为8.10%。Bestinver Internacional也同样出色，基金自1997年12月31日发行至2011年，获得221%总回报率，或年均回报率8.85%，同期的基准摩根士丹利世界指数（MSCI World Index）下跌了2%，或年均回报率-0.15%。现时，柏拉玛与公司另两位基金经理内格雷·拉扎罗（Álvaro Guzmán de Lázaro Mateos）及法兰度·麦华斯（Fernando Bernad Marrase）紧密合作，管理着总值约54亿欧元的基金资产。

投资是必须符合逻辑的行为。巴郡的副总裁查理·芒格（Charlie Munger）说过："我只想知道自己会在哪里离世，然后永远不去那地方。"把这概念应用于投资上，弗朗西斯科·加西亚·柏拉玛（Francisco García Paramés）认为："投资者不一定要犯错才知道什么是不可行的。只要汲取他人的错误经验，永不重蹈他们的覆辙，便是可行之道。"

柏拉玛是一位自学成才的价值投资者，加入投资管理业纯粹是机缘巧合。1963年出生于西班牙加利西亚省的拉科鲁尼亚城（A Coruña），柏拉玛是家中的独子，有三名姐姐及一名妹妹。小时候，他对前途并没什么具体概念。作为美国职业篮球队的球迷，柏拉玛的儿时梦想也许是成为职业篮球员。

对前途抱着开放态度，柏拉玛在马德里康普斯顿大学（Complutense University）修读经济学。他回忆说："在大学初期，我对商业和经济毫无认知，直至大学三年级，我开始阅读《商业周刊》(*Businessweek*)，希望了解企业信息和改善自己的英语阅读能力。到了大学第四年，我进入了英格列斯（El Corte Inglés）百货公司的采购部当文书实习，负责货品的出入口文件归档。"

"纵使我渐渐接触到商业世界，但我1987年大学毕业后，仍然对前途找不到具体方向，所以我决定到巴塞罗那的纳瓦拉大学商学院（IESE Business School）攻读工商管理学硕士课程。1989年，完成硕士课程后，校内举办了企业招聘日。幸运地，我被Bestinver聘请为投资分析师。"

柏拉玛承认，他加入Bestinver初期，对分析师的工作不甚了解。因为性格比较内向，他想这个分析工作总胜于从事推销或市场推广。"基本上，公司只有我和一位上司工作。我们负责分析西班牙的并购和收购活动，但入职后，西班牙的经济发展开始减慢下来。为了提升自己，我便开始研究西班牙的股票。由于上司具有强烈的价值投资心态，他的基础法则为我建立了良好的投资框架。"

在早期的职业生涯里，柏拉玛注意到，投资的重点就是寻找价值，而金融机构把"增长"和"价值"概念分开，大概是配合市场推广而已。阅读了很多关于不同西班牙家族企业王国盛衰的故事，柏拉玛发现，只有那些专注于具长期持续性增长和价值的投资的家族企业，才能安然度过国家数十年来的动荡。假若这些企业王国抱持投机心态、目光短浅，他们的家族资产岂能维持至今天？

柏拉玛对投资的基本理念，在沃伦·巴菲特（Warren Buffett）1992年致股东函中得到认定："我们认为，价值和增长本为一体，在计算一家企业的价值时，增长当然是很重要的变量。这个变量可以使企业价值从微不足道变成极大，它的影响可能是负面的，也可能是正面的……此外，我们也认为所谓的'价值投资'根本就是重复的词汇。假如投资不是为付出的金钱寻找更大价值的话，那还算是投资吗？"

自从上司于1991年离开Bestinver后，柏拉玛便成为研究部的唯一员工。他说："我从他身上学到了价值的定义，但阅读了彼得·林奇（Peter Lynch）所著的《彼得·林奇的成功投资》（*One Up on Wall Street*）后，进一步巩固了我的投资框架。这本书在1989年出版，我在《商业周刊》看到它的书评后便买回家看，人生自此得到改变。"

柏拉玛举出了书中一些打动他的智慧语录："股价常与它的基本因素呈相反方向，但在长远来说，企业的发展和利润最终可主导股价，所以，你必须具备无比的耐心，长期持有别人忽视、你具有信心的企业股。开始时，你可能认为别人是对的，而自己做了错误决定，但只要企业的基本因素良好，你的耐心必定会得到回报。唯一的问题是，不管市场顺逆，必须坚持长线持有的策略，才能获得最大收益。"

柏拉玛补充："可能我天生便具有价值因子，林奇的著作强化了我的潜藏因子，并使我的投资逻辑更上一层楼。此外，我也阅读不同的价值投资书籍，包括巴菲特、本杰明·格雷厄姆（Benjamin Graham）、约翰·奈夫（John Neff）、约翰·邓普顿爵士（Sir John Templeton）、沃尔特·施洛斯（Walter Schloss）及菲利普·费雪（Philip Fisher）等投资大师的书。在受聘于安特卡雷斯家族企业的前两年里，工作压力不算大，让我可以跟随自定义的步伐自我学习，令我成为今天崇尚价值投资的基金经理。"

自我探索价值之路

上司离开公司后，柏拉玛获得安特卡雷斯家族首肯，让他继续运作Bestinver的投资组合。他解释："在担任投资分析工作的头两年，我发觉，一位审慎的基金经理绝对可以为投资组合增值,提高投资回报。虽然我的性格比较内向,但对于自己所做的投资决定却很有信心,所以我大胆提出请求,希望安特卡雷斯家族让我成立及管理 Bestinver 基金。"

"Bestinver 最初被注资大约 1 000 万欧元,虽然这对安特卡雷斯家族来说只是一个小数目,但对我来说却是十分庞大的金额。由于安特卡雷斯家族没有给我施加很大压力,所以我可以集中进行长线价值投资,以实践我的投资理念。我清楚地知道,如果能做出超凡业绩,我便有机会把业务拓展至更广阔的领域。"

柏拉玛还记得他的第一份投资研究报告,对象是西班牙一家名为阿赛里诺克斯集团(Acerinox Group)的钢铁公司。研究展示了集团业务的经济周期,令柏拉玛认识到该企业应如何度过周期的不同变化。"那份报告让我明白,一位审慎的投资者必须具备耐心和纪律,才可避免在牛市周期得意忘形,或在熊市周期失望气馁。"

谈到人生中的第一次投资,柏拉玛忆述:"1990 年海湾战争爆发前,我向家人及银行借钱,私自买入西班牙桑坦德银行(Banco Santander)的股票,后来因战争关系,股价被推得很低,我的持仓价值在往后的两年间下跌了 30%,但我继续增持股票。六年后,我把它沽出,赚取了颇多利润。其实,桑坦德银行是我人生唯一的个人投资,因为自 Bestinver 在 1993 年正式发行基金后,我便把所有储蓄投资在基金上。"

尽管投资桑坦德银行赚了钱,但柏拉玛得到两个重要教训。第一,银行股并不容易掌握。20 世纪 90 年代早期,西班牙银行的存贷比率是 50%～70%,这个数字既保守又健康,但在 21 世纪初期,该比率达到近 150%。

存贷比率是指总贷款额与存款额的比率,用以评估银行的流

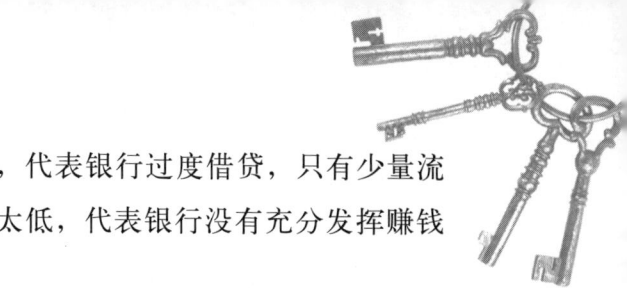

动资金水平。假若比率太高，代表银行过度借贷，只有少量流动资金应付提款。假若比率太低，代表银行没有充分发挥赚钱能力。

由于银行体系的借贷过多，银行资产又不易评估，所以柏拉玛决定，除非这些情况有所改善，否则不再沾手这类股票。当银行持续过度借贷，柏拉玛继续远离银行股。因此，当2008年金融危机爆发时，Bestinver相对其他持有金融业股票的投资基金，所受的影响不算严重。

柏拉玛说："第二个教训是，任何事情都可以出乱子，所以不应借钱投资。现在的年轻人希望尽快致富，因此会举债投资，但当年纪越大，便会意识到弥补亏损比防止亏损更难应付。为保持头脑清晰，没有债务才能令你处于公平及公正的态度下选股，令投资这游戏变得更有持续性。"

"在这个游戏过程中，最重要的是发掘市场上存在已久的价值，林奇曾说过：'选择一种任何人都懂得经营的业务，迟早一天，所有人都会经营这业务。'这个概念的意思是，你不仅要寻找便宜企业，也要寻找优质企业。便宜企业可以将你置于死地，优质企业则不会。我曾投资一家西班牙纺织公司，它以低于其现金净值的价格出售，股票很便宜，但它的业务却是一团糟，管理团队不单不善经营，还将公司的现金和资产全部输掉。因此，企业的持续性和素质十分重要。"

二十多岁的柏拉玛能得到独立自主的机会来处理投资业务，实是难能可贵。因此，他建议现今的年轻人尽早开始学习投资，不论投资组合规模大小，最重要的是具备正确的投资态度，以及建立良好的业绩记录。他认为，只要投资逻辑合理，业绩令人满意，最终也会得到认同。

投资简单化

1993年，柏拉玛开始管理Bestinver的第一只基金Bestinfond，投资范围主要是西班牙本土的股票。他分享选股心得："首先，我并没有什么特定法则或数字标准来寻找股票。我阅读不同书籍，参考报纸、杂志、分析师报告，甚至竞争对手所增持的股票，来汲取灵感。我也经常与不同行业的人士集体讨论，了解市场动向。"

"诚然，投资概念是建立于对世界的了解及与世界同步，而这种了解和同步是由积累个人知识和信息而成的。这是有规律的过程，而你越早开始装备自己，当机会来到时，你便越容易做出决定。毕竟，你不可能一觉醒来便得到灵感，而是靠积累的经验及求知欲而得来的。"

柏拉玛每天全神贯注于投资研究和分析工作。他工作时绝不查看股市报价，以免市场上的波动影响分析情绪。他认同格雷厄姆的一句至理名言："股票市场只是一个为投资者服务的平台，而不是影响投资者情绪的地方。"

柏拉玛说："当计算股票的估值，我从不采用那些过于学术性的财务计算法则。我只会使用一部简单的计算器，运算加减乘除，然后从不同角度计算企业价值。我相信，出色的投资不在于你的价值模式有多精密，而在于你对企业有多熟悉，以及你对企业竞争优势的评价有多高。这些都不能用公式计算出来，而要依靠投资者的经验得来。"

在评估企业竞争优势方面，柏拉玛必须确定某家企业能否在未来十年继续屹立于市场，它的运营模式能否经历频繁变革。符合了这两大前提后，他的评估便集中于发掘企业的独特优势，例

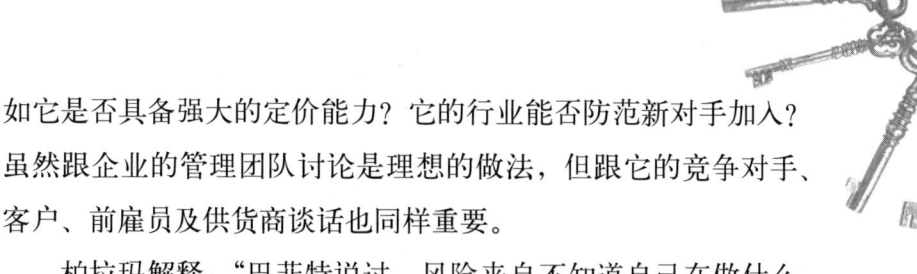

如它是否具备强大的定价能力？它的行业能否防范新对手加入？虽然跟企业的管理团队讨论是理想的做法，但跟它的竞争对手、客户、前雇员及供货商谈话也同样重要。

柏拉玛解释："巴菲特说过，风险来自不知道自己在做什么。降低风险的办法，不是要增加假设或把投资模式复杂化，而是把投资简化，集中于认识最深的企业。假如你相信某公司能够持续发展，你便要以企业家的立场去思考。例如，如果你接管它，其真实价值究竟在什么水平？当它以这一水平的折让价出售，你是否得到价值？"

柏拉玛相信，投资的基本原则是寻求简单方案，因此他非常认同巴菲特所说："我不会跨越七尺高的栏杆，只会选择一尺高的栏杆，因为我可以轻松跨过！"

采用简单的估值法来评估投资机会，柏拉玛尤其喜欢使用自由现金流比率（price-to-free-cash-flow ratio），计算方法是企业的市场价格除以其自由现金流，也就是可分配给股东的现金流。自由现金流是企业现金流扣除资本开支后的差额，可以在企业现金流量表中找到。

他说："我们会选择自由现金流比率低于 11～12 的优质企业，目标价格一般设定为 15 倍，因为这个数值是根据这些企业股长期平均买卖价而定的，大约等于 6.6% 的自由现金流收益率，这个比率在大部分市场环境中算是很不错了。此外，我们会根据企业竞争优势而将目标价调整至最适当的倍数，假若某企业的质量很高，我们便会定于 17 倍。若它的表现随周期浮动的话，则可能定于 13 倍。"

尽管这种分析法听来很简单，但投资者必须进行审慎评估，才能得出合理的长线自由现金流估值，为企业设定一个公平的倍数。因此，投资者必须具备相当的技巧和判断力才能有效使用此方法。

自由现金流计算法主要用以评估企业的价值。至于评定企业素质，柏拉玛采用资本运用回报率（return on capital employed, ROCE），以量度企业资本投资效益及盈利能力。简单来说，此回报率是用以评估企业如何有效运用资本的指标。计算方法：资本运用回报率＝税后纯利／（总资产－流动负债）。

柏拉玛认为，资本运用回报率有助他客观地评估企业的素质。这一量度标准让他掌握到企业过去的表现，并可将不同企业的资本回报互相比较。他解释："资本运用回报率有助我们了解行业的竞争面貌，从而厘定不同企业的竞争优势。它并没有理想数值，而只是一个随季度和年度变动的数字。我们一般会选择回报率比较稳定的企业，而20%是颇理想的比率。"

奥地利经济学派

巴菲特曾说："投资展望只能令你认识预测者，绝不会令你得悉未来的真正发展。"一直信守巴菲特的原则，柏拉玛从不过度关注市场人士的预测，但这并不代表他漠视宏观经济数据。他也会留意本地生产总值的增长、失业率、通胀率，以监测不同市场的增长和稳定性。

他解释："我不太注意大多数人士对企业或经济的看法。每人都有自己的观点，而我的人生目标就是在专业和个人的层面上，寻找属于自己的真理和观点。社会上有太多预测家，他们可以基于错误理由做出正确预测，也可以基于正确理由做出错误预测。为了保持专注力，我以奥地利经济学派的观点作为投资框架。"

1997年,当柏拉玛开始研读路德维希·米塞斯(Ludwig von Mises)及弗里德里希·哈耶克(Friedrich Hayek)的投资哲学时,他才正式认识奥地利经济学派。奥地利经济模式(Austrian model)有别于主流宏观经济模式如凯恩斯模式(Keynesian model)或芝加哥学院模式(Chicago School model),它们的概念较多考虑人类行为,目的是要了解不同人士如何影响经济现象。

柏拉玛解释:"主流经济模式集中于过往数据,以此引导经济学家去研究这些数字和预测市场变化。由于这个概念比较科学,所以政治家便据此提出改善经济的方案。可是,奥地利学派认为人类行为是不可预测的,在不同情况下,每个人都有自己关心的议题,因此,根本没有真正解决经济问题的答案。不过,从长远来说,人类行为是会相应调整的,从而使经济状况恢复正常状态,这是因为人类天生便具有企业家的精神。"

主流经济学家信奉市场均衡及自由竞争,理论上人人平等,共同追求相同的目标。相反,奥地利学派则认为,市场上充满了情绪高涨的投资者,他们以反复探索的方法在市场上互相竞争,意思是,由于不同人士抱着不同目的,他们会基于错误经验、新信息、策略调整或个人克制等原因而不断改变行为,因此,市场总是处于不均衡状态。

简单地说,主流派相信,市场状况十分完善,我们根本不可能在街上发现钞票,因为它早应该被拾获。可是,奥地利学派认为,市场并不完善,我们绝对有可能在街上拾到钞票,意思是,我们可以因为别人的疏忽而得益,有利的交易随时出现。

柏拉玛进一步解释:"把奥地利学派的智慧框架应用于投资上,它有助我构想出企业如何进步且与同业竞争,以及如何在经济繁荣和萧条时分辨价格和价值。"

"由于人类行为不断改变，商人都抱着企业家精神，各自在创造和摧毁价值。因此，那些估值偏高的优质企业和估值偏低的劣质企业，在最后都会回归其平均值。由于市场不易达致均衡，企业若不被高估，就是被低估了。对于投资者来说，价值投资正好适用于这个市场框架，通过正确分析，我们可以发掘到以折让价沽售的优质企业股。凭着耐心，这些股票最终必会回归其真正价值。"

柏拉玛强调，这个概念只是奥地利经济学派的一鳞半爪，要更深入认识这学派的思想，他建议读者阅读由西班牙经济学教授赫苏斯·德索托（Jesús Huerta de Soto）所著的《奥地利学派：市场秩序与企业家创造性》（*The Austrian School: Market Order and Entrepreneurial Creativity*）。

回顾个人投资的职业生涯，柏拉玛提到，奥地利学派让他在市场疯狂时得到安全保证。"1998年，股票的价格变得十分昂贵，我开始感到担忧。西班牙股票市场在1996年上升了39%，在1997年上升了42%，在1998年又再上升了38%。在1995年至1998年之间，市场息率由10%以上，下跌至4%。股价有反弹的理由，但它们的价值一度变得颇不合理。"

1998年夏天，柏拉玛开始持有现金和公用股以保障投资，因为奥地利学派指出，持续低息及增加信贷会刺激贷款和经济增长，但当信贷过度时，人类的行为便自然走向极端，从而造成经济泡沫，接着就是经济萧条。

"当时我相信经济泡沫即将形成，但我不愿妥协。客户致电投诉我没有充分把握牛市的机会，那时我几乎想把金钱退回给客户，然后结束业务。的确，我宁愿离开这场游戏，也不愿做一些自己不喜欢的事情。"

最终，这场股票"嘉年华"一直持续。随着科网股加入战团，散户也变成了投资天才。西班牙股市在1999年上升了16%，但柏拉玛管理的Bestinfond基金却下跌了11%。

对柏拉玛而言，这是一个艰难时刻，但在这段黑暗日子中，他阅读了巴菲特于2000年致股东函中的一段话：

> 没有东西比不劳而获的金钱更容易让人失去理智。当有过这类经验（科网泡沫）之后，即使正常而理智的人也会像参加舞会的灰姑娘一样被冲昏头脑，他们知道在舞会中多留一刻……南瓜车和老鼠们最后都会原形毕露，但他们却不愿错过这场盛大派对的每一刻，因此，这些得意忘形的人都打算留至午夜前的最后一秒钟才离开。问题是，会场中的时钟根本没有指针。

的确，违反逻辑的股票最终都变成了南瓜车和老鼠。于2000年，西班牙股市下跌了13%，但Bestinfond却上升了13%。于2001年，大市再往下跌了6%，Bestinfond基金则上升了20%。

柏拉玛注意到，在市场狂热周期，人人都被冲昏头脑时，自己可能是唯一能够保持头脑清醒的西班牙人。于是，柏拉玛于2006年给巴菲特写了一封信，感谢他在年报中的鼓励。巴菲特手写了一张便条回复他，并询问他在西班牙投资的意见。

对于能够与巴菲特直接联络，柏拉玛十分高兴，但他仍然要说老实话。他信中提及，西班牙在过去几年的信贷膨胀，国内房地产势将崩溃，严重影响国家整体经济，令西班牙即将步入艰难时刻。因此，他叮嘱巴菲特暂时最好不要沾手西班牙市场。

抱着怀疑和远见的柏拉玛，早在2005年已获得投资者首肯，在 Bestinfond 的投资委托书中加入了海外股票。他相信，从集中于西班牙股票至分散投资于国际市场，是为未来的危机做好准备的理性方法。到了 2010 年，当西班牙被欧债危机困扰时，柏拉玛的未雨绸缪已为基金做好了安全的防范准备。

重整全球资金组合

对很多投资基金而言，长线策略是一种奢侈的妄想。基金经理不断面对压力，他们必须在最短时间内提高资本，以证明自己的实力，从而留住投资客户。相反，Bestinver 拥有独特的长线文化，并得到母公司亚驰奥纳企业集团（Acciona）的支持，令柏拉玛能真真正正地以长线投资为目标，实践价值投资。

他说："我想，Bestinver 的竞争优势在于极长线的投资策略。这里所指的长线并不是指往后四年或五年时间，而是指 20～30 年。很多长线基金的持仓时间都是四五年，但我们有时会用十年时间买入某股票。这是我们所指的长线。"

2003 年以前，柏拉玛一直独力管理着 Bestinfond 及 Bestinver Internacional 两只基金，直至同年阿尔瓦罗·拉扎罗（Alvaro Guzman de Lazaro Mateos）加入团队，成为公司的另一位基金经理。2006 年，费尔南多·马尔斯（Fernando Bernad Marrase）也加入团队，参与搜索价值的行动。

柏拉玛说："在管理 Bestinfond 期间，我的投资组合大约覆盖 100 只西班牙股票。我密切观察它们的表现，然后在适当时候重新安排或调整组合。"

"自 1997 年发行 Bestinver Internacional 后，投资组合包含了更多的国际股票。随着股票数量增加以及拉扎罗和马尔斯的加入，他们可为投资组合做更详尽分析。最近，我们聘请了一位来自中国台湾地区的分析师，他现在长驻于中国大陆，凭着他对当地的知识，可为我们带来地方智慧。"

Bestinver目前提供超过十种投资基金，包括数只信托基金、退休基金及一只对冲基金。这对任何投资经理来说，似乎是极大的工作量，但柏拉玛解释道："技术上，我们只有两个投资组合：一个是全球性的策略，一个是以西班牙为主的策略。其实，我们的基金都是由这两个投资组合所组成的。我们的工作是把两者的股票分配于不同基金，以切合个别基金的需要。我们就好像调酒师一样，用两种不同材料配制出不同饮料，以切合客人的需求。"

典型价值基金的特色是具有低投资组合周转率，表示基金经理不会进行频繁股票买卖。相对地，Bestinver的基金却具有颇高的投资组合周转率，一般超过100%。同时，股票名称的变动率却很低，取代比率只是25%。一般而言，Bestinver的投资组合平均有50只股票，而当中的十大持股通常占投资组合的40%～50%。

柏拉玛说"我们会对投资组合进行频繁买卖，但股票的名称却不变。我们可能把2%比重的股票变成5%，而将另一只股票由7%下调至4%。当中的意义是，某股票上升了20%，代表它的吸引力降低了20%，我们会不断混合调配股票的比重，令投资组合达到令人满意的平衡状态。"

"在美国，资本增值税率很高。但在欧洲，若你出售基金中的某股票，资本增值税只是1%。这个优势让我们在需要时可以重新调配股票之间的比例。"

回顾职业生涯，柏拉玛表示，在投资原则是合理的前提下，最重要的就是坚持长线持有，不可随波逐流。"很多人都会追求热潮，随俗浮沉，但我最关心的问题是，我们所持有的股票在未来十年是否朝着正确方向经营和发展。如答案是正面的，我们便会耐心地等候其真正价值被确认。回顾过去，我们持有某些股票已经超过 15 年了！"

柏拉玛从事投资管理行业已经超过 20 年，他承认这么多年来他也在做着相同的事。当然，多年累积的经验有助今天的判断更准确，但他的投资程序却始终如一。"我不认为投资环境有多大改变，因为人类的思维模式一直没有改变。虽然经济形势每日不同，但当中总有相似之处。奥地利经济模式对此有详尽的解释：不管时代好与坏，人类的情商永远比智商更重要。"

近年，Bestinver 的成功令柏拉玛成为西班牙本土的一股价值投资新力量。他的业绩让西班牙投资界明白，审慎的基金经理的确可以提高投资组合的价值。尽管欧洲的基金管理业被大型银行支配着，而它们的业务都是销售及营销为本，但柏拉玛证明了，独立基金公司的经营也是可靠的。

柏拉玛及他的团队每年举办一次投资者聚会，他称之为"结婚派对"，因为这种聚会为投资者提供了互相联络感情及分享意见的机会。这与巴菲特及芒格每年主持的年度会议相近，Bestinver 的周年聚会让投资者有机会向柏拉玛发问任何问题。这种庆祝聚会能让投资者建立信心，借此灌输长线投资的心态及纪律。

2006 年 3 月的某一天对柏拉玛来说终生难忘。当日，柏拉玛与 Bestinver 的行政总监正飞往西班牙北部的潘普洛纳（Pamplona）出席投资者会议，飞机在途中发生撞山意外，Bestinver 的行政总监及副机师身亡，全机乘客严重受伤，生还者中只有柏拉玛能自行走动。他在山中走了一小时才被救援。虽然这次事故与他的投资职业生涯并没有直接关系，但却教导了他，不论是人生或投资，做人最终极的目标，就是懂得生存的意义。

柏拉玛于1997年结婚，有两名儿子及三名女儿。除了旅游及到海滩游玩的家庭活动外，柏拉玛的主要嗜好是观看篮球比赛和阅读。作为父亲，他知道以身作则是树立好榜样的最佳方法。价值投资也一样，尽管价值投资法可能永远不会成为潮流，但投资者依循它的逻辑及原则，就永远不会犯错。

柏拉玛总结说："投资的最大乐趣是寻找低估值的股票，那种乐趣是不能用言语形容的。当我发掘到具潜质而被忽略的股票时，我的兴奋程度就有如发现了宝藏一样。我希望把这份乐趣和热情带给我的孩子，因为这世界充满了宝藏，即使找不着，探索过程也是一种享受和乐趣。但假若你真的找到了，你便明白了价值投资的真谛！"

安东尼·纳特
（Anthony Nutt）

木星资产管理公司
Jupiter Asset Management

第七章
战胜大崩盘的英国智者

> **生活智慧，不只是学懂自知之明，还要量入为出。**
>
> 切斯特菲尔德伯爵（Lord Chesterfield）
> 英国政治家

木星资产管理公司是总部位于英国的资产管理集团，聚焦投资股票及债券，以服务私人及机构投资者为主。于1985年注册为小型专业投资公司，至今已发展成为英国最大型及最成功的投资机构之一，资产总值达228亿英镑。

作为木星资产管理公司的董事和股票投资部的主管，安东尼·纳特（Anthony Nutt）目前管理的四只投资基金包括：木星收益信托（Jupiter Income Trust）、木星高收益基金（单位信托）[Jupiter High Income Fund (Unit Trust)]、木星股息及增长信托（Jupiter Dividend and Growth Trust），以及木星月领息资产配置基金（Jupiter Distribution Fund）。

纳特于1996年加入木星公司，其业绩持续跑赢英国大市。例如，以5.06亿英镑创办的木星高收益信托基金，自1996年2月发行至2011年12月，总回报率为316.07%，年均回报率9.38%。同期的指标英国富时综合指数（FTSE All-Share Index）总回报率为159.93%，年均回报率6.19%。

另一只著名的木星收益信托基金，拥有20亿英镑总资产。自纳特于2000年4月30日接手管理至2011年12月为止，总回报率为93.83%，年均回报率5.83%，同期的指标英国富时综合指数总回报率为9.33%，年均回报率2.88%。

价值投资基金"对美国投资者说来是十分普遍的名词，但英国投资者却偏爱用"收益"或"股息"（分红）来描述"价值"。安东尼·纳特说："我想'假价值'一词普遍用于美国，可能是很多美国传奇投资者都通用这名词来撰写书籍。在英国，价值投资其实存在已久，但我们不会经常挂在口边，因为投资的第一步就是要寻找价值，不用在投资基金上特别标明价值这个词。"

"英国人寻找价值投资，是希望基金经理为他们赚取股息或收益。不论是投资于大型企业、消费品公司或公用公司，英国投资者期望定期得到股息，因为这是最实质的投资回报。"

纳特在1953年出生于英格兰中部地区。当时第二次世界大战刚结束不久，食物及必需品仍受配给机制所限，人们家中只有少数奢侈品，所以他们大多都过着十分俭朴的生活。在战后的复苏期，生活的艰苦正是丘吉尔爵士（Sir Winston Churchill）所说的"热血、辛劳、汗水及眼泪"。当国家曾经努力推进和平及繁荣，却被欧洲冲突打垮了，这经验教育了每位英国人，寻找固定回报往往是最实际的。

纳特说："我的成长阶段中，完全没有任何梦想，唯一的愿望是可以在伦敦市内找到工作。20世纪60年代中期，远程教育课程及夜校教育开始盛行，让工作者有机会在工余学习，取得大学学位。我在20世纪70年代开始报读了公开大学，一边工作，一边读书，修读的是哲学、政治和经济。"

20世纪70年初，英国的经济正处于不确定环境，社会通胀严重，这促使政府限制公营机构的薪金升幅，导致工会发动罢工。而煤矿工人的工业行动，令整个国家几乎陷于电力中断。为对抗危机，保守党政府颁布每周三天工作，缩短工时和规定在晚上关掉所有电灯等措施，以减少电力消耗。

纳特回忆说："那时我住在伦敦市中心的伯爵宫（Earls Court）。当政府实行了省电措施及三天工作制后，市内变得十分宁静。到了黄昏，街道变得黑灯瞎火，非常萧条。到了1973年，中东爆发石油危机，导致很多银行倒闭。英国的国民西敏寺银行（NatWest Bank）也几乎破产，政府必须向金融体系注资，以挽救国家经济。"

"对英国人（包括我自己）来说，20世纪70年代是一个艰难的过渡时刻。我除了读书，还在国防部的采购部工作，负责监管武器买卖。国防部的工作实在非常有趣，但这个职位并没太大的晋升空间，所以两年后我决定转投证券行，加入了英国著名的福斯特·布雷斯韦特证券行（Foster & Braithwaite）。从事证券经纪大约八年，我通过了不同的资格考试，学习到财务报表分析及投资研究工作。"

"一天，我为自己的前途做分析，认为证券经纪只是为客户提供投资意见和执行交易工作，并没什么挑战性。假如我要彻底运用投资知识，必须转投资金管理行业。于是我找了一份基金经理助理员的工作，便从证券业走向基金管理业。"

维多利亚时代的投资心态

大文豪查尔斯·狄更斯（Charles Dickens）说："收入20英镑、支出19.6英镑，生活会变得快乐；收入20英镑、支出20.06英镑的话，生活便会变得悲惨。"在19世纪维多利亚时代的英国，传统价值观是定期存款、节约金钱、生活俭朴。在保险和福利制度出现前，很多英国人喜欢组成友好协会，一起实现共同的理财目标。他们以朋友身份组成协会，共同储蓄，把财富慢慢增值，然后派发定额回报。

20世纪80年代早期，友好协会还非常盛行。尝试转投基金管理行业的纳特被家庭保险公司（Family Assurance）录取，为不同友好协会管理金钱。被指派承担股票分析工作，以及寻找有股息的企业股，纳特发觉，单纯留意股息收入不是正确的投资态度，更关键的是衡量企业的前景和价值。

他表示："你不能只比较不同企业的股息收益率，便做出简单的投资方案。你必须分析企业前景，评估它们的股息是否会随时间持续增长。假如答案是正面的，投资收益便会自然增加，更可让投资者有效地进行股息再投资，从而赚取复式回报。"

"由于股票市场难免出现狂热期，而长期持有低估值股票可以获取较佳平均回报，所以企业估值也很重要。根据我对英国市场的经验及观察所得，**5倍市盈率的股票相对于30倍市盈率的股票往往更具吸引力，而统计数据显示前者的长线投资回报比后者理想**。"

随着基金管理经验日渐丰富，纳特于1984年加入英国保险公司（U.K. Provident）。两年后，他转投信托储蓄银行（Trustee Savings Bank, TSB），正式成为基金经理，负责管理价值15亿英镑的总单位信托基金（General Unit Trust）。

作为专业基金经理，管理着英国最大的投资信托基金，纳特面对了他的第一次挑战。"我的挑战并非来自基金的规模，而是耗用了大量精力和时间后，重新调配新接手的投资组合。20世纪80年代是小型企业蓬勃期，所以前任基金经理将重点投资于小型公司。小型企业的兴盛可追溯至20世纪70年代，那时英国经济处于困难时期，很多业务都陷于衰退。当国家经济在20世纪80年代开始复苏时，高增长前景的小型公司便开始崛起，并在证交所挂牌上市。这不但为股票市场注入了新动力，还导致股票的市盈率以倍数扩张。"

"与此同时，一些大型企业也推动了股市升势。它们以定期收购小型公司来维持高增长率，编制新闻头条，令投资气氛炽烈。这些英国大企业在世界各地收购不同低估值的公司，对它们进行架构精简、削减成本，以及改善盈亏底线。其实，这些大企业只是以大欺小。它们买入低市盈率的公司以增加企业本身的盈利数字，从而维持企业的高市盈率，并以撤除坏账、呆账拨备及一次性的会计调整误导投资者。投资者终于发觉，它们只是以会计手段提高企业损益表内的盈利数字而已，所以1987年，这些骗人的伎俩令投资者渐渐失去信心。"

纳特接管了信托储蓄银行的基金后，便决定投资组合要以价值股为主，而不是动力股或市盈率上涨的股票，所以他便减少对小型企业及其他公司的持仓。这个着实是非常明智及适时的决定，也使公司躲过了1987年10月19日发生的股市黑色星期一。

纳特回忆道："在1987年7月，英国富时指数达到历史高峰后，在整个夏季，市场显得反复不稳。当我开始对市场存疑时，我听到收音机广播的'今晚财经世界'（Financial World Tonight）节目内的访问，我更肯定要把股票沽售。节目内的受访者不单提出差劣的投资意见，还向散户建议投机方法，令我深深感受到市场已经缺乏价值了。"

"市场继续狂热，股价继续飙升。我不但开始卖出小型企业股，而且尽量沽售其他股票，增加现金储备。在黑色星期一之前的星期三，我通过程序交易沽售了大量持仓，套现2亿英镑。两天后的星期五，英国受到有史以来最强烈的风暴袭击。当天全国市民无法上班，股市也因此停市。到了星期一股市重开时，已开始了黑色星期一，纵使股价全线暴跌，英国投资者也已束手无策。"

信托储蓄银行的基金套现了大量流动现金，所以它能够在市场崩盘后买入很多低估值股票。"黑色星期一令我确信价值投资是有效方法。它不仅教会投资者必须买入低估值股票，也让投资者在问题发生前出售高估值股票。"

1987年后，投资者对小型企业的追捧降温，大型企业也不再受欢迎，股票的市盈率也回到平均水平。追求稳定收益的传统维多利亚观念却慢慢重获青睐。纳特以着重企业素质及估值的投资方法，令信托基金更上一层楼，回报表现也持续跑赢同业。在信托储蓄银行表现卓越，1989年纳特获怡富投资管理（Fleming Investment Management）聘请，管理价值20亿英镑的基金。到了1996年，纳特决定离开怡富，加盟木星资产管理公司。

寻找正确投资文化

回顾20世纪80年代，尽管黑色星期一令股市崩溃，但英国的普遍投资气氛仍然乐观，原因是执政的撒切尔夫人在1986年推出个人持股投资计划，把股息和资本收益的所得税降至更低水平，以鼓励民间投资。此外，英国政府不断把国营企业进行私有化，以振兴英国的投资市场。

纳特说："从20世纪80年代初期至20世纪90年代末，英国股市大致上处于牛市期。1982—1998年，富时指数的年均回报率为13%～14%。黑色星期一后，大市指数过了两年的复苏期，便开始不断攀升至新高。"

纳特从事基金管理工作超过30年，他认为若要成为出色的价值基金经理，先决条件是找到合适的工作环境。"其实，股票市场犹如赌场，短期投资就像赌博。由于长线回报是由众多短线目标结合而成，所以很多投资公司的目标极为短浅。我不喜欢把市场看成赌场，我比较喜欢专注长线回报，所以公司与你有着共同的价值投资理念非常重要。曾于不同基金公司工作，最终找到木星资产管理公司，它的投资文化跟我的性格相似，因此我在这里工作了超过16年，也没有跳槽的念头。"

"谈到价值投资，我和投资团队认为，最困难的地方并不在于判断股票价格的高低，因为我们总可以客观地审视企业，然后找出公平而合理的价值。最困难之处在于，我们无法肯定其他投资者是否有同样想法，以及会不会买入同类型的股票。无奈，低估值的股票是依靠市场集体推动，才能回到其本身价值。这一点是我们无法掌握的。"

"正因如此，我们只会注意企业的估值，而不会对持股设定任何时限。有时候，当某企业已经发展成熟，或某业务的回报开始转差，我们便会把其股票出售。相反，假如某企业的价值持续具吸引力，我们便会坚持持有。因此，离场时机不取决于持股时间，而在于企业估值。"

纳特以20世纪90年代的科网及电信热潮为例，当时这类股票大多超越了估值，相反，传统股票却以4～5倍市盈率在市场出售。"投资者认为科网公司将取代传统企业支撑经济，所以传统股票无人问津。其实，我们并不知道究竟投资者何时会重新关注这些传统股票，鉴于它们的业绩持续表现良好，我们便不断增持。当科网热潮由繁荣走向崩溃后，投资者终于回到现实，渐渐再次买入我们增持已久的股票。"

能够坚持自己的信念，纳特认为全赖木星基金团队坚守的投资文化。创立于1985年，木星基金管理公司原为一家小型专业投资公司。公司建立积极而进取的新文化，从不鼓励基金经理跟随大市指数，人云亦云。相反，公司希望基金团队自行创立完善的投资原则，适应团队的文化及性格，自由投资。由于基金经理无须跟随公司既定的股票或市场观点，他们可以自由而独立地做出投资决定。只要基金经理能避免投资者经受不必要的风险，以长期投资回报为目标，那便是最有效的策略。

纳特补充："木星公司由极具魅力的人物创立，他们为公司建立了正确的文化及设定合理的发展步伐。在我加入木星公司时，它已成为英国比较成功的个人投资机构之一。不管公司属于收益投资还是价值投资，基金的根本概念就是寻找低估值、获利空间稳定，以及安全边际较大的股票。"

只相信实质收益

在发掘投资机会时，纳特着力寻找一些具有大量现金流和低估值的企业。与此同时，他必须确定这些企业能够承诺长期派发股息或股份回购的收益回报。

他说："英国投资文化鼓励寻找实质和有形回报，而不是单靠股票升幅，把回报寄希望于市场动力。我曾目睹不同企业成长，因为管理层不把任何盈利配发给股东，只凭股票升幅来吸引投资者，最终当这些企业失去动力，股价便不断下滑，可谓得不偿失。"

"正常来说，我们希望每项投资都能获得回报。假若你投资一项生意，资本全交给企业的管理团队去发展业务，期望他们适当地分配资金，把公司资金拨作支出及发展业务，然后把赚取的回报适当地派发给投资者。这理应是非常具逻辑性的生意框架，但问题是，很多管理团队并没这样做，他们只寄希望于股票价格上升，令投资者纸上富贵，但却得不到什么实质收益。"

纳特注意到，单纯审视企业的数字容易被误导。"我们不会只看企业的数字或收益率，便做出投资决定。尽管我们会分析企业的股息收益率、派息率、市盈率、资本投资回报率及现金流等，但我们相信，纯粹审视这些数字的做法过于简单。我认同条条大道通罗马的道理，所以不管你以何种标准来评估一只股票，最终都会得出哪些股票便宜、哪些昂贵的结论。对我而言，更重要的股票分析工作是集中于了解企业的业务和它们的策略性意向。我们每年大约会研究500家企业，并与个别公司接触两三次。"

为确定企业的策略性意向，纳特会跟不同企业的管理团队会谈，以了解他们的经营目标及策略。他采用迈克尔·波特（Michael Porter）的五力法（Five Forces）进行分析：新竞争者的威胁、代替品的威胁、消费者或买家的议价能力、供货商的议价能力、当前竞争者的威胁。

纳特说："我们会评估企业的合理和可信程度。例如，企业能否成功履行其经营模式？管理阶层是否具治理能力？假如企业状况良好，它的股息是否随时间增长？这些都是我们会提出的问题。一方面，高增长的企业会令我感到不安，但另一方面，我也希望这些企业在增长中能够持续增加股息。我相信投资的艺术便是投资者的思想斗争。但无论如何，不管企业增长与否，关键还是确保企业的估值没有被推高，而投资者能以合理价钱买入股票。"

很多价值投资者都喜欢零负债的企业。对纳特而言，负债的确是负面因素，但只要举债的目的良好，负债并不是罪过。"我宁愿见到有效益的资产负债表，多于忧虑一家企业有否负债。我看过一些企业拥有大量现金的资产负债表，但其业务却很差劲。我又看过一些高负债的企业，却拥有效益甚高的资产负债表。我想，适量而成本合理的债务是可以接受的。只要企业管理层表达了负债的用途，并证明这能为股东提高价值，我便会给予支持。"

纳特在木星公司管理四只基金，而每只基金持有 100～110 只股票。普遍而言，这些基金的十大持股通常占了总投资组合的 40%。因基金的规模庞大，股票的买卖可能需要数周才完成交易。有时候，投资者会责怪纳特太早入市或太迟出货，但问题是控制庞大持股量的基金并不容易。

作为一位选股专家，纳特认为企业的基础是关键因素，但他承认宏观经济因素在雷曼事件发生后变得更具影响力。"我相信，分析企业永远是长线赚取超额回报的主要方法，但不可否认，宏观经济措施在过去数年对全球股市有着重大影响。现在，我们也要考虑这些政策，从而预测长远产业走势。我相信，只要选择了正确的产业，它们也能于不同经济周期下有出色表现。"

20 世纪 90 年代，当众人都热切追捧网络股时，纳特却避开这些股票，而投资于采矿产业，因为这一产业的长线前景非常乐观。纳特考虑过互联网对传统产业带来的可能后果，但他得出的结论是，人们仍需要食品以存活及燃油以推动经济。

他说："我们常常留意企业的长期发展。我仍记得于2000年出席力拓矿业公司（Rio Tinto）的分析师会议时，公司的行政总监表示，中国对力拓产品的巨大需求量是他们前所未见的。这是采矿产业的一个重要信号，但投资者仍然选择在网络股中打滚，直至网络股崩溃。当投资者在21世纪初开始投资于采矿产业，采矿概念对我们来说已不是新鲜话题。"

到了2007年，纳特认为采矿产业开始衰退，而且估值变得很高，所以决定沽售所有矿业股。"在20世纪90年代及21世纪初，矿业公司仍维持着向股东派发现金收益的模式。但当产业变得过热，公司的管理层不再愿意将资金配发给股东，而用于扩张业务。2007年时，部分矿业公司因为扩张过度而几乎要倒闭。在矿业衰退期，我们开始沽售了部分公司的股票，理由很简单，那就是它们不再向股东分红。"

"同一时间，我们开始买入制药股，因它们的估值合理，股息收益率及增长也稳定。但由于我们太早将这一产业纳入投资组合，所以受到部分投资者批评。在过去数年，制药股为我们的基金带来了可观收益，它们的股价表现也相当不错。其实，企业最困难的地方是有效地分配资金。作为投资者，我们要分析它们如何有效地运用资本，以及如何把资本有效地回馈股东。"

仔细观察市场，纳特认为今天业界存在很多隐忧，其中之一是过度依赖资产管理顾问或投资银行家。这些专业人士意图占据传统业务的领先地位，可是他们的公司都是着眼于财务杠杆及短期绩效来打动投资者，他们既缺乏长远目光，也忽略了企业的真正价值。

纳特表示："当你把这些专业人士从投资银行转到一些实质企业工作时，他们大多表现自负，做事方法一反企业常规。他们在短期内会把企业重新整顿，以不同方法把业绩改善，例如整合公司、裁员、收购合并，以及出售资产等。虽然市场会为他们的短期表现而喝彩，却不知道他们已损害了股东的长远利益，以及破坏了那些曾被尊敬的优质企业。"

勇于向前

回顾其投资的职业生涯，纳特表示，他很享受从事基金管理的每段时刻。不管他的投资基金是处于上升或下跌，他从不过分担忧，因为他看重的是价值和股息，而长线定期收益更是平衡短期市场动荡的最佳定心丸。投资的成就，就如丘吉尔爵士所说："成功不是终点，失败也非末日，重点是具备勇气继续向前。"

纳特说："2007—2008年是艰难时期。我们的部分传媒股表现甚差，但即使如此，我对自己的投资决定无怨无悔，因为这些企业有固定收入，而且估值非常吸引人。事实上，作为基金经理，你必须对自己的决定有信心。假如你迟疑不决，便无法接受挑战。如你经常质疑自己的决定，便根本不适合当基金经理。寻找价值理应是一种乐趣。当你与不同公司的想法同步时，它们进步，你的投资也自然有所增长。当你专注于长线回报时，你无须担忧经济周期的长短或是好坏。你只需要继续前望，审视你的投资表现。"

纳特近期读到一篇文章，访问了不同基金经理希望谁人为他们管理金钱，大部分的答案都是"自己"。纳特表示："请原谅我有少许自大，但我绝对有同感，因为我对自己的能力有绝对信心。我认为，成功投资在于个人思维，而不在于追随大众一致的意见。只要你具备正确的投资态度和视野，你就应该相信自己的判断力。"

2008年在美国爆发的金融海啸，以及爆发自2010年的欧洲主权债务危机，令纳特相信，将来发达国家的成长速度会是缓慢而温和的。"令我最不安的是，价值投资的回报持续收窄，但投资者仍然期望找到巨额回报的股票。这个心态必须重新调整，以诚实的角度评估未来的经济变化和回报。在现今世界，我们所拥有的资源多于我们所需，而炫耀性的消费只是满足欲望而已。要令经济重回正轨，我们应该从目前的消费经济回归到储蓄经济。现在，我经常提醒自己的孩子价值的重要性，并劝勉他们不要过度消费。"

热爱骑单车的纳特育有两名儿子及两名女儿。他尝试向家族成员慢慢灌输价值思维。对他来说，投资就好像骑单车，在微观层面是一项个人游戏，在宏观层面则是一个团队作业。他总结说："我经常观看环法自行车比赛（Tour de France）的电视转播。我在骑单车中体会到一个道理，那就是领先或落后其实并不重要。当然，获取冠军是值得庆贺，但最重要的，是你要有勇气继续向前，以及有能耐完成整场赛事。投资的学问也如出一辙。"

马克·莫比乌斯
(Mark Mobius)

邓普顿新兴市场集团
Templeton Emerging Markets Group

第八章
新兴市场教父

> 树林里有两条分岔路，而我选择了人迹较少的一条，这完全改变了我的命运。
>
> 罗伯特·福斯特（Robert Frost）
> 美国诗人

1987年，马克·莫比乌斯（Mark Mobius）被投资宗师约翰·邓普顿爵士（Sir John Templeton）亲自选中，负责管理于纽约证券交易所上市的邓普顿新兴市场基金（The Templeton Emerging Markets Fund）。以1亿美元成立基金，在莫比乌斯和他的团队努力下，至2011年年底，总资产已超过500亿美元。集团的旗舰产品邓普顿新兴市场投资信托基金（Templeton Emerging Markets Investment Trust），自1989年7月31日发行至2011年12月31日止，总回报率为2 071.5%，年均回报率14.72%。摩根士丹利资本国际新兴市场指数（MSCI Emerging Markets Index）于同期总回报率为866.4%，年均回报率10.65%。

被誉为"新兴市场之父"的莫比乌斯，于2006年被《亚洲货币》（*Asiamoney*）杂志选为"一百位最具影响力的人物"（Top 100 Most Powerful and Influential People）。杂志编辑形容莫比乌斯"是亚洲区内最知名人士之一，也被金融界誉为近20年最成功的新兴市场投资者。尽管1997年处于金融风暴的艰难时刻，莫比乌斯仍能表现出色，其影响力足以左右着数以10亿美元计的投资走向"。

现任邓普顿新兴市场集团的行政主席，莫比乌斯目前领导着一支分布于亚洲、拉丁美洲、非洲及东欧的共17个国家的投资团队，为投资者在新兴市场找寻价值。

马克·莫比乌斯于1973年初次接触股票市场。身为以中国香港地区作为总部的商业顾问公司Mobius Inc. 创办人，莫比乌斯要为一位本地富商分析香港股票市场。对投资并没深入认识，最直接的方法便是研究股市图表和技术分析走势。

莫比乌斯回忆道："那时候，我从没有研习过任何股票分析，但我曾主修过心理学，所以在阅读了一本关于技术分析的投资书籍后，我发觉技术分析法其实跟人性心理学大同小异，所以我便选用了这一方法来分析香港股市走势。"

"审视股市图表的工作性质与进行消费者调查非常相似，而后者更是我在顾问公司时的主要工作，我便以投资者调查的态度，得出股市已处于超买状态的结论，股市已非常危险。那时候，普遍的头肩形走势图正在形成，而它预示股价将会逆转，由上升变成下跌。当时的股票市场正处于火红时期，而这个图却预示了反向走势，因此我建议客人理应避开任何股票交易。"

不出所料，香港股市在不久后便开始下跌。可是，在跌市前，莫比乌斯却出奇地没有跟随自己的忠告，还将金钱投资于茂盛集团（Mosbert Holdings）的股票上。

茂盛集团是一家在中国香港地区注册及上市的马来西亚公

司。尽管这间公司的背景有点神秘，没有人知道其资本何来，但它在区内不断收购公司和物业的消息却令它广为人知。当时股价由港币 8 元跌至 3.5 元，莫比乌斯和他的同事却把握了这次投资机会，一起入市。结果，茂盛集团根本就是一场骗局，公司迅速倒闭。

莫比乌斯说："我尝试对茂盛集团做调查，致电该公司希望取得更多数据，但接电话的人很不客气，拒绝给我一些数据，随即挂断电话！最后，我竟然违背了自己的判断，听信同事的建议，盲目地把金钱投放在茂盛股票。我从这个错误中汲取教训，那便是永远不要盲目听取别人的投资建议，必须根据自己的知识和研究做决定。"

莫比乌斯从这一错误经历所得到的另一教训是，尽管技术分析是有用的方法，但基本分析更加重要。以茂盛为例，它缺乏可供参考的资料，投资者理应敬而远之。"从那天起，我懂得了亲力亲为的重要性。现在，纵使我和投资团队偶尔也会研究股市图表，但若没有企业的财务、管理及产业动向这些基本分析，我们绝不会做出任何投资决定。"

从 1973 年起，莫比乌斯进行了多项股票市场研究，渐渐对金融业产生了浓厚兴趣。1980 年，他正式加入了唯高达（Vickers Da Costa）国际证券公司，负责研究亚洲金融市场，从商业顾问转至金融界。

学习的智慧

1963 年，约瑟夫·本哈德·马克·莫比乌斯（Joseph Bernhard Mark Mobius）出生于美国亨普斯特德（Hempstead），父母分别是德国及波多黎各人。他回忆说:"小时候,我梦想成为一位医生,继而希望在政府部门工作,后来我又决定要当演员或钢琴家。就读高中时,我和两位兄长组成了三人乐队在酒吧表演。我负责弹钢琴,而兄长则奏小提琴和大提琴。到了大学时期,我们继续演出,这既能满足兴趣,又可赚取零用钱以帮补生计。"

1955年,莫比乌斯获波士顿大学(BostonUniversity)奖学金,修读艺术。虽然艺术和商业根本是风马牛不相及,却间接刺激了莫比乌斯探索世界的兴趣。他解释:"修读艺术开阔了我对人类历史及社会文明的视野,深入了解不同文化,认识不同的人如何看待世界,令我渐渐对传播学和人类心理学产生兴趣。"

1958年取得学士学位后,莫比乌斯决定留在波士顿大学修读传播学。1959年取得硕士学位后,他对知识的渴求仍未停止,再到威斯康星大学(Wisconsin University)修读政治科学及社会心理学,后来得到去日本做交换生的机会。能够到远东学习的机会令莫比乌斯十分兴奋,出发前他报读了有关日本历史和语文的速成课程。

"那是第二次世界大战结束不久,宣传分析在学术圈中仍然十分流行,所以我便决定在京都大学(Kyoto University)的人文科学研究院(Institute of Humanistic Studies)主修大众传播。我一边读书,一边在朝日广播公司(Asahi Broadcasting Corp.)工作,负责研究日本消费市场,以及向美国广告商售卖广播时段。"

两年后,莫比乌斯回到美国入读新墨西哥大学(University of New Mexico),在修读实验心理学之余担任助教。暑假期间他在天联广告公司(BBDO)担任研究分析员,负责处理消费调查数据,分析大众市场及消费者行为。

莫比乌斯所做的消费研究令他警觉到,世界不同地方的经济都正朝着繁荣方向发展。为了更深入认识经济学，他到麻省理工学院（Massachusetts Institute of Technology）修读博士课程，并在学院兼任研究助理，负责处理调查数据，以分析教育电视观众的性格。1964年，他获得博士学位。

莫比乌斯取得最高学术资格后，眷恋日本生活的愉快时光，所以决定移居亚洲。由于对传播学及心理学有广泛认识，他希望找到一份可以把东西方企业连接起来的工作，所以决定加入东京的国际研究协会（International Research Associates），任职顾问及研究联络人，负责研究东京市民的消费行为。

往后数年，莫比乌斯进行了数以千计的访问，并分析了全球超过100家消费品牌。这工作不仅让他有机会接触不同种类的业务，更使他深入了解到亚洲区域的营商环境。例如，他曾被派到中国香港地区，为一家名为孟山都（Monsanto）的跨国农业生物技术公司做顾问工作，研究关于一种高蛋白饮料在亚洲分销的可行性。在他向孟山都公司提供建议前，必须先掌握亚洲区的消费行为及饮料消耗量，再分析区内的生产力和物流配送的具体情况。虽然这些工作看来似乎单纯是市场研究，但莫比乌斯需要充分了解业务的价值链，才能得出完整结论。

"研究消费者心态属于包含了营商意欲和经济发展的社会心理学范畴。这些经验既为我提供了良好的基础，也教导我如何研究不同项目和解决不同问题。尽管我当时并没打算成为投资基金经理，但我的工作着实令我掌握了分析不同业务的能力，有助我未来开设顾问公司。"

完成了孟山都这项目后，公司指派他到位于美国密苏里（Missouri）的圣路易（St. Louis）总部工作，但莫比乌斯那时已爱上了中国香港，决定留在这个城市居住。由于拥有与亚洲不同文化背景人士相处的经验，以及联系到东西方的不同业务，他有信心于1969年创办自己的事业，建立了莫比乌斯商业顾问公司。

大处思考，小处留神

莫比乌斯成立顾问公司后，业务源源不断。短短数月间已为一家瑞士制药厂在中国台湾地区建立营销部、为美国出口公司打开印度尼西亚销售香皂添加剂的市场、为国际奶品生产商到日本调查芝士食品的市场定位。

身为老板的莫比乌斯为大型企业提供顾问服务，但对管理自己的公司却束手无策。他回忆道："我向那些来亚洲做生意的外资公司提供本地营商智慧，却不懂得有效地运营自己的公司。因我经常穿梭往来亚洲不同地区，公司的收入还不足够支付我的考察费。此外，顾问生意大多都是以低价竞投得来，公司因而出现负现金流。为了节省开支，我公司的员工凭着他们的地方智慧，安排我到小型旅行社购买平价机票，我们每天都一起吃平价盒饭，共同度过这艰难时期。"

"在岁月的洗礼下，我养成了节俭的习惯，借着经历与见闻，我对价值的意识愈来愈强烈。我渐渐学到了中国人的俭朴精神，原来省钱可比赚钱更有优越感。往后十年，公司虽然称不上是摇钱树，但业务发展十分稳定。"

莫比乌斯在亚洲地区所汲取的工作经验，驱使他于1973年推出《与中国贸易》（*Trading with China*）一书。新书面世后，他随即被香港大学及香港中文大学邀请担任客席讲师，讲授市场学、社会心理学和消费心理学。在新建立亚洲区网络期间，一位不速之客登门拜访，谈及漫画中的史努比狗。

莫比乌斯说："有一天，来自美国旧金山的康妮·鲍彻（Connie Boucher）女士来到我们的办公室，向我们出示史努比原创者查尔斯·舒兹（Charles Schulz）的授权书，要求我们为她找生产史努比狗玩具的厂家。协助她在亚洲地区建立生产线后，我随意地问她会不会把销售网推广至亚洲。她立刻反问我：'何不由你来做？'于是，我们便合作分销史努比狗玩具。后来，这业务规模发展比我的顾问公司更加庞大，由于我的兴趣仍然在于研究调查方面，所以我最后把那玩具业务卖给了我的香港同事。"

莫比乌斯对史努比狗有着不同的情结。他说："当时，史努比狗的存货太多，办公室已无法找出摆放它的空间，有一次当我准备到韩国考察时，便吩咐员工把部分存货移至我家中。从韩国回来后，某天深夜时分，我被一股气味弄醒，原来那些史努比狗放到暖管旁边，因遇热而烧起来。我虽然及时把火扑熄，但我的部分头发被烧焦了。我想，既然我已有脱发问题，何不把它一并剃掉。自那天起，我便一直维持这新发型。"

中国有句老话："十个光头九个富"。20世纪70年代，中国的香港地区迅速发展为国际贸易及金融枢纽。莫比乌斯凭着他的商业智慧及新发型，抓紧为客户提供投资意见的机会，并证明了这句老话真实不虚。自1973年莫比乌斯为客户做了股票市场分析报告，以及错误地投资茂盛集团后，他认清了投资必须深入研究企业的财务和管治能力。凭着顾问公司所积累的丰富经验，他慢慢转型为以价值为本的投资者。

1980年，莫比乌斯决定出售他的顾问业务，全职投入投资分析工作，并于同年加入唯高达国际证券公司任职证券分析师。开始，他负责研究中国香港及菲律宾的股票市场，后来他又对新加坡高科技产业、中国石油产业及中国台湾地区的蓝筹股公司进行

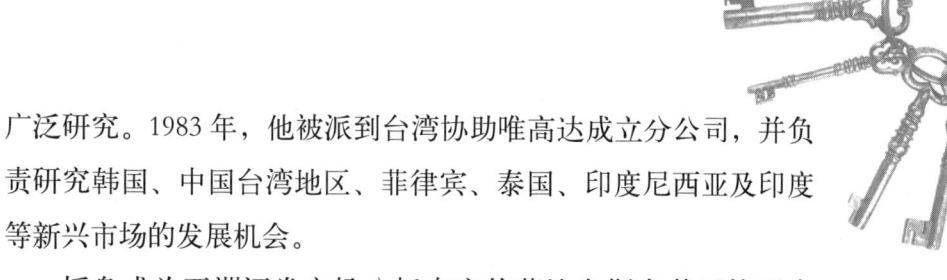

广泛研究。1983年，他被派到台湾协助唯高达成立分公司，并负责研究韩国、中国台湾地区、菲律宾、泰国、印度尼西亚及印度等新兴市场的发展机会。

摇身成为亚洲证券市场分析专家的莫比乌斯在某天接到来电，这个电话改变了他的一生。传奇投资宗师邓普顿基金创办人邓普顿爵士打算开拓亚洲及其他地区新兴市场，认为莫比乌斯是最适合协助他的人选。1987年，莫比乌斯正式加盟邓普顿公司，成为新发行的邓普顿新兴市场基金的总裁。

危中有机

邓普顿爵士曾说："人云亦云，假若你买入别人都在买的股票，你的回报怎会突出呢？"莫比乌斯把这格言牢记于心，把全部精神集中于一般投资者都不会参与的新兴市场。

他说："邓普顿爵士在很多方面是我的良师。他的投资哲学与我所了解的人性心理学相符，因此我们都喜欢到特别的地方发掘被埋藏了的价值。对我而言，假若我的目标是与其他人一样的话，那么我便不会在20世纪60年代主动移民亚洲，做一些非比寻常的工作。我相信这一点是受到邓普顿器重的原因。"

邓普顿爵士的另一句名言是："牛市在悲观时诞生，在怀疑时成长，在乐观时成熟，在狂欢时死亡。因此，投资者理应在最悲观时入市，在最乐观时离场。"

莫比乌斯说："投资市场容易凝聚羊群心理，所以邓普顿爵士教晓我要考虑长线、专注于基本层面，以及独立思考。为了取得更佳成绩，他鼓励我要与大众背道而驰，但在做出投资决定前，必须分析当前形势。他的方法与我所认识的社会心理学和过去的营商经验不谋而合。2008 年,当邓普顿爵士去世后,我把他的一句格言'困难就是机遇!'做成小牌匾,放在写字台上。"

莫比乌斯的办公室设于中国香港,但他经常周游列国,发掘投资机会,所以永不会长时间逗留在同一地方。现在,他在新加坡及其他 15 个国家也开设了分公司。对于每年出差超过 250 天的莫比乌斯来说,酒店客房就是他的家。

"我在中国香港曾有一个住宅,后来把它卖掉了。我现在于新加坡、南非及马来西亚都拥有自己的居所,但由于甚少长期逗留在这些地方,所以我把它们全部出租,而自己却租住酒店。虽然我目前以迪拜为家,但在那里逗留的时间也不会太长。"

1987 年以 1 亿美元创办的邓普顿新兴市场基金,自莫比乌斯加入后,便开始买入中国香港地区、新加坡、马来西亚、墨西哥及菲律宾的股票。当时所开放的新兴投资市场就只有这五个,而接着于 1987 年股市所发生的黑色星期一,令莫比乌斯学会分散投资的重要性。

他说:"在 1987 年 10 月 19 日,即股市的黑色星期一,道琼斯工业平均指数下跌了超过 20%。亚洲股市也受股灾冲击,香港联合交易所决定停市四天。当股市重开后,我们的持仓价值下跌了三分之一。由于香港地区的股票在我们的持仓中占了很大比重,对我来说这是一记当头棒喝。我对'不要把所有鸡蛋放在同一篮子里'的道理恍然大悟。"

自此,莫比乌斯和他的团队留意及限制对任何地区或国家过度投资的风险。"我们采用 5-40 投资原则,意思就是,超过总持仓比例 5% 的股票,其总价值必须少于整体投资组合价值的 40%。此外,我们也有一个非正式指标,就是限制对任何国家股票的持仓比例,必须少于投资组合价值的 30%。一旦超过标准,我们便会密切监视持仓的表现。"

除了留意区域性分散投资的原则外，在过去25年，莫比乌斯更以横向及纵向的理念来拓展他的投资视野。截至2011年，他的投资团队遍布16个国家，包括阿根廷、巴西、奥地利、中国、印度、马来西亚、波兰、罗马尼亚、俄罗斯、新加坡、南非、韩国、泰国、土耳其、阿拉伯联合酋长国及越南。他的团队共有51名投资专家，来自26个国家，说24种语言，共同建立了超过2.3万只证券的数据库。

"有了这个团队，我们清楚掌握世界各地所发生的事情。有时候，这些信息会为我们带来下一个投资机会或考察目的地。此外，我们会根据数据库的数据分析不同国家、不同企业的经济及财务状况，从而编制成一套完整而有系统的方法来寻找投资机会。很重要的一点是，我们明白股市难免表现反复及经历涨退，从长线考虑而言，有价值的股票最终也能反映出其国家经济的成长和稳定性。"

要比较各个新兴市场的表现，市盈率是一个快捷而简单的方法。尽管莫比乌斯和他的团队以此作为筛选准则，但他们很清楚这个比率只是一个比较性数字。例如，某国家的本地生产总值升幅是10%、市盈率是10倍，相对于另一个市盈率相同，但本地生产总值升幅只有5%的国家，前者自然较吸引人。在评估企业时，莫比乌斯较看重其他指标，例如市账率、股本回报率、资本投资回报率、边际利润及每股盈利增长率等。

"虽然评估经济增长、通胀及其他经济指标，令我们看起来比较着重宏观分析，但我必须强调，这只是我们研究的一部分。作为价值投资者，我们也非常着重了解投资组合中的公司。我认为，过度集中于宏观经济层面会造成对某特定地区的偏颇。因此，在经济不景气时，我绝不会忽略其中的优质企业。"

"对价值投资而言，投资者总是在市场崩盘后才赚钱，所以我们不介意遇上危机或衰退。因此，我们正在等待新兴市场的下一次大跌市。只要我们对此早有心理准备，把目标放于长线，那便毋须担心企业的短期业绩欠佳。"

多年以来，莫比乌斯已将大部分基本分析的工作交由他的投资团队负责，而自己则担任更重要的定性分析工作，包括多次的企业探访及出席企业管理层会议。莫比乌斯解释："我尊重那些专注研究数字，然后根据企业的财务模式买卖股票的投资者。可是，这方法只适用于较成熟、透明度高或拥有优良会计标准的国家。"

"对我而言，投资于新兴市场绝不能依赖企业数据，因为它们都是不足为信的。你必须亲自去找答案，也就是说，你必须与企业管理层会谈，观察他们的言行举止，以决定他们是否值得信赖。他们有时会告诉你，公司的员工待遇很不错，但不一定可信，所以你必须亲自拜访该公司，跟员工聊天，才能判断他们所说的话是否属实。纯粹根据企业提供的数字而做出投资决定，在新兴市场中可有点儿似盲人摸象。"

除了观察企业的管理层，莫比乌斯的另一职责便是启发他的投资团队。"我们要根据不同市场的过去、现在和未来的表现，做出平衡并保持广阔的市场视野。由于每位投资分析师大多会偏爱自己所属的地区，所以我要求他们退一步思考，从本地及地区性角度比较他们所发掘的投资项目。作为投资主管，我的工作是要确保公司资金在正确的价格及时机，流向正确市场。"

"新兴市场中经常出现热门股，但这些股票若欠缺持续力的话，最终也会变成垃圾。因此，我要求大家在进行投资分析时，必须从长线考虑，而且要以不偏不倚的公平态度，客观地比较企业、地区和国家之间的优劣。"

"无奈，新兴经济市场的表现尚欠成熟，投资者对牛市和熊市容易反应过大。但我们是着眼于股票的价值，因此当别人离场时，我们便入市。同时，我们的价值纪律驱使我们比较不同的市场，以判断哪些价值被高估了。当每个人都积极入市时，我们就会离场。"

"我们在寻找投资机会时，会参考企业过去五年的业绩记录，然后推断其业务在往后五年的发展。不过，新兴市场在技术上都是由零开始，很多事情的转变可以很大、很快，所以纵使你尝试预计某企业在未来五年的盈利，你的分析也并不一定正确。无论如何，我们以五年持股期为标准，让我们有时间及空间承受市场动荡。"

"纵使我们了解新兴市场，我们也会被骗。我们只能够接受事实，从错误中学习，然后继续向前。人们总是说，新兴市场是投资的危险地带，但金融骗子柏尼·麦多夫（Bernie Madoff）却在美国摸爬滚打了多年。我的信念是，每个国家都有好人及坏人，你需要做的只是保持头脑清醒，做自己分内的事。尽管危机随时出现，但你必须相信世界还是美好，还是会进步的。"

市场感应

莫比乌斯多年来在新兴市场投资所得出的经验，可以综合成四项核心原则：公平（Fair）、有效（Efficient）、流动（Liquid）和透明（Transparent）。这四项原则的英文前缀组成了 FELT。他的意思很明显，那就是希望投资者用心来感应市场。

对于"公平",莫比乌斯认为,潜在的新兴市场应公平地对待所有投资者,不管是大客户或小客户。"有效",就是要确定证券交易所及其证券商是否诚实及友善地对待投资者,以有竞争力及合理的价格收费。"流动",是新兴市场应拥有的股票买卖流动性。"透明"度则表示股票的会计及财务报告必须清楚和真实。

"我遇到过一些对投资者极不友善的证券交易所,也接触过只有三四个人所操控的证券交易所,他们竟然也兼任证券行经纪。我也曾因市场衰退导致的市场流动性缺乏,最终无法出售手上的股票。此外,看到满盘伪造数字的会计账目更是司空见惯。因此,我不停强调企业探访和评估管理层的重要性。"

"我从邓普顿爵士身上学到一样很重要的处事态度,那就是谦卑。态度谦卑的人,较易接受新意见,而在投资研究上也会较客观。思想开明的人相信,世界在不断变化,所以必须不停学习新事物,才能与世界接轨。因此,成功投资并没有简单方程式、蓝图或保证,只有正确的态度。"

"好像我对投资研究充满热忱,让我在投资事业上不断向前。我对全球所做的研究,让我了解人和事的意义。我认为优秀的投资者,必须保持思想开明,随时准备迎接不同机会。"

自20世纪90年代起,莫比乌斯便展开了其投资考察的品味之旅。他发觉搭乘商务客机穿梭不同新兴市场极为不便,而且非常危险。不久,富兰克林邓普顿集团决定自购飞机,令莫比乌斯和他的团队可安全和舒适地抵达目的地。

"公司的飞机让我们出差更有效率。我和团队可以争取时间,在机上安心地高谈阔论,研讨一些投资意见。我们团队的海外出差频率高,若计算飞行里程,长远而言,购入飞机比搭乘商务客机更经济,所以当我提出购买方案时,总公司也非常支持。"

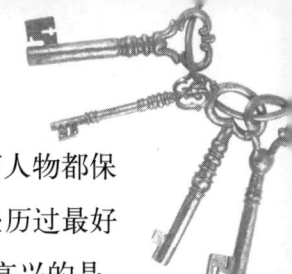

莫比乌斯对世界的广泛认识，令他时时刻刻对任何人物都保持开放态度，让他迅速掌握每处新地方的本土智慧。经历过最好及最坏时刻的新兴市场，他的确有点忧虑。"令我最不高兴的是，当去到一个新地方时，我发觉当地根本没有法律及法规去改善市场状况，令我感到非常不满。有时候，在不同的情况下，我们需要有更多的法例来保障投资者，有时却要更宽松的法例来鼓励投资者。或者说，我们需要有更好的法例来增加市场透明度，又要更宽松的法例来推广市场。"

"当全球投资趋向一体化，人们的投资模式也渐渐变得全球化。由于投资者必须依靠正确的企业报表来进行投资评估，所以企业透明度越来越重要。可是，官僚主义和政治制度往往打击市场改革力量，令投资者无所适从。因此，希望通过我所参与的新兴市场，可以进一步鼓励他们逐步改善市场架构。我相信，无论世界怎样变，投资研究的分析和理念始终如一，但实践这分析和理念必须随着经济脉搏的跳动与时俱进。"

作为邓普顿新兴市场集团的领导人，莫比乌斯认为自己的角色是监察着新兴市场的乘风者，正如他在《投资护照》（*Passport to Profits*）一书中的解说：

> 世事多变！作为基金经理、作为先驱、作为投资者，最重要的是保持流动性和灵活性。市场就好像海洋和潮汐，是一个波浪现象。保持自己站在高处的唯一方法是，屈曲膝盖、保持平衡，然后滑浪。在全球市场乘风破浪之际，就如滑浪一样，可以是一桩开心事。与此同时，我们切记基本分析法，即了解公司、国家、地区和一直在变的管理思维。

丁玉龙
（Teng Ngiek Lian）

目标资产管理公司
Target Asset Management Pte. Ltd.

第九章
精通政治及经济的企业家

> 经验不是发生于一个人身上的事情，而是这人怎样面对和处理这些事情。
>
> 阿道斯·赫胥黎（Aldous Huxley）
> 英国作家

1996年，丁玉龙于新加坡创办目标资产管理公司（Target Asset Management Pte. Ltd.）。投资除日本以外、以亚洲地区为主的股票，丁玉龙的目标价值基金由创始期的550万美元增长至2010年7月的20亿美元。从1996年9月至2010年11月，基金总回报率为892.44%，即年均回报率17.59%。同期的摩根士丹利远东（日本除外）指数的总回报率是81.27%，年均回报率为4.29%。

2010年7月，丁玉龙在庆祝60岁生辰后便宣布退休。经过了一年多的休息，他认为投资是终身兴趣，所以于2011年6月，他重投战圈，以大约5亿美元作为基金资本，重新推出目标价值基金。他的投资策略依旧，引用久经考验的价值投资法，一方面争取更高回报，另一方面把风险降至最低。

丁玉龙解释他的投资哲学："在判断一家企业的价值前，我们必须先考虑其业务质量，把它与其同业做比较，然后才能确定那企业是否真的有价值。假如我们以低价买入股票，然后以较高价卖出，却忽略其企业质量的话，这最多只能算是'价值投机'，并不是'价值投资'。"

自1985年定居于新加坡后，丁玉龙领悟到，价值投资是一门艺术，而不是单纯的数据科学。"在这一艺术竞赛中，最重要的是具备辨别及评价企业的能力。只要你了解企业的商业模式、识别它的成功因素，以及判断它的竞争优势与弱点，财务上的数字评估只是简单分析的一环。"

丁玉龙是出生于马来西亚的中国人。1950年出生于马来西亚登嘉楼州的一个名为龙运的沿海地区，在七兄弟姐妹中排行第六，父亲是一名木屐制造商。在丁玉龙的成长时代，马来西亚正处于政治动荡的环境中，经济政策不断改变，这令他经历了很多艰难困苦。

"出身贫困家庭，我在年少时就立志要脱离贫穷。贫穷绝不有趣，我决定，不管怎样努力，也要争取到富足的生活。年少时我留意到，大部分富有的人都是做生意的，所以我的目标就是要成为企业家，成为富有的人。"

由于家境问题，丁玉龙被迫在18岁时放弃学业，投身社会工作赚钱过活。白天时，他分别在矿业公司、木材行及会计公司当兼职，学习营商经验，晚上则进修会计课程。四年后，他存了足够的钱到马来西亚首都吉隆坡兼读大学课程。他白天在会计公司当文员，晚上上学，直至取得特许注册会计师及注册秘书的资格。

1973年，丁玉龙加入了古特利集团（Guthrie Group）的英资企业，在子公司的会计部工作。集团业务广泛，有棕榈油、橡胶园、物业、生产、化学制品及消费品贸易等，这让丁玉龙在受聘的十年间接触到多种行业。

丁玉龙清楚地知道自己的理想是开创个人事业，但由于他很年轻便成家，并育有两名孩子，所以他必须努力赚取金钱来养家，还要偿还房屋抵押借贷。当时的马来西亚仍属于新兴经济市场，就业情况并不稳定，最明智的选择就是进入大企业工作。在古特利集团工作了数年，丁玉龙逐渐攀上企业高层，成为集团一家子公司的首席会计师，之后被提升为集团财务总监，再晋升为集团首席财务官。

"由于我任职首席财务官，我必须对集团的多元业务模式有深刻的了解。当中包括市场销售、产品发行、物流运作、仓存管理及应收账款管理等。我以不同模式评估及预测业务发展，再向公司董事局建议资金及资源分配方式。为了了解不同行业，我抱着每事问的精神，向不同部门的管理人员提出疑问，也会以朋友身份跟他们讨论管理模式，切磋心得。"

会计部门是提供服务的成本中心。作为会计师的丁玉龙认为自己更像一位管家，纵使公司赚钱，自己也不会因此而获得职位的晋升。要争取表现，他必须为公司赚取利润，所以成为财务总监后，他开始管理集团的外汇资金及融资，并投资公司的短期现金流。最后，公司高层察觉到他的才华，便回馈他丰厚的分红并提供公司汽车作为奖赏。这时，丁玉龙也开始对金融市场产生了兴趣。

20世纪80年早期，东南亚的金融界规模相对很小。丁玉龙认为马来西亚的企业发展空间有很多掣肘，便往澳大利亚寻找机会。可惜人生路不熟，1985年，他决定回到自己所属的东南亚地区，并选择了经济正在起飞的新加坡，担任了维信集团有限公司（WBL Corporation）的财务总监。

"由于新加坡是东南亚的金融中心，经济和政治前景都十分好。在这个成熟的国际金融市场，我可以有更多机会接触到投资界和商界的巨人，所以移居到新加坡后我和家人都感到很兴奋。"

创办于1906年的维信，是一家以新加坡为基地的跨国企业集团，业务遍布亚洲不同国家。于20世纪80年代，维信持有大量现金及一些旧有业务，并打算进军新兴行业，如计算机科技、计算机零件制作及农业科技等。当时，维信的主要业务是汽车、重型机械及器材分销。在公司重整之际，丁玉龙被委任管理集团多年来累积的现金，把它分散投资于外汇、储蓄定期及股票。

到了20世纪80年代末，维信把大部分的现金盈余投入到了新业务，而丁玉龙自觉在集团的投资责任可以减轻，所以在1990年向公司请辞，且于同年成为以伦敦为总部的摩根建富投资管理公司亚洲区（Morgan Grenfell Investment Management Asia）的执行董事。

逆向思维的艺术

丁玉龙与摩根建富的关系可追溯至20世纪80年代的中期。他忆述："那时我代表维信集团跟摩根建富的投资团队有业务往来，当中一位主管对我说，若有一天我要离开维信的话，可考虑加入他们投资团队。他们对我的赏识，大概源于1985年年底。当新加坡的泛电企业（Pan-Electric Industries）面临倒闭危机，人人都处于恐慌状态时，我却买入很多价格被推低的股票。我相信我的逆向投资思维给他们留下了深刻印象。"

泛电企业是一家总部位于新加坡的综合企业，主要发展海上救援业务。1985年，由于一些投资上的远期合约及交易未能落实，企业被迫在年底倒闭。泛电在全国拥有71家子公司，实质上与新加坡的各行各业有紧密关联。公司一夜间倒闭，并把所有投资清仓。为了减少恐慌，股票交易所决定停市三天。直至今天，这仍是新加坡前所未见的危机。

"这件事是我人生中第一次面对的市场危机。其实，当时股市价格已略为偏高，而泛电事件只是市场借口，令大市找机会调整而已。由于我经常对新加坡众多企业进行研究，了解它们的价值，所以那次暴跌正是我买入优质企业股的好时机。"

"事件过后，摩根建富的主管问我为何那么大胆，但其实当时的投资决定是很自然的事。我深信，凭着多年处理不同性质业务的经验，我有足够能力分辨企业的优劣，以及其折让价是否有吸引力。此外，我的会计知识也为我提供了技术知识和条件，以分析企业的敏感度。当研究结果已给出最坏打算的假设，若股价到位，我便要相信自己的判断力，买入股票。像本杰明·格雷厄姆在他的著作《聪明的投资者》中所说：'群众的想法与你不一致,并不代表你就是对或错。只要你的数据和推理是正确的,你就是对的。'"

最终,丁玉龙的投资决定被事实证明是正确的。尽管新加坡股市在 1985 年 11 月受经济冲击而在四至五个月间下跌了 20%,但一年后,股市全面收复了失地,甚至上升了超过 30%。丁玉龙认为,只要下限风险得到保障,上升空间自然扩大。

摩根建富团队于 1989 年再次见证到丁玉龙的逆向投资思维。当时日经平均指数升至 31 000 点,丁玉龙决定悉数卖出其所有的日本股票,理由是日本企业的股价已经处于极高水平,是时候放下贪念,学会离场。结果,日经 225 指数在 1989 年年底到达了 38 900 最高点,翌年便迅速暴跌 50% 以上。

从企业走向投资世界,丁玉龙表示:"虽然摩根建富的主管们都很喜欢我,但我仍要向他们证明自己能够胜任。我对他们说,他们可以找到其他优秀的投资专才,但很难找到一个像我这样具有分析企业发展潜力的人。凭着我的企业经验及投资知识,我有信心比其他合格的投资人更快地发展新产品。最后,他们接受了我的论点。"

丁玉龙加入摩根建富不久后,便为公司的投资团队带来崭新的商业意见。"我们打算创办亚洲主题的投资基金,但缺乏相关的业务记录。我建议公司避免随波逐流,不要直接与大型基金公司竞争,理应考虑推出其他基金没有业务记录的新兴市场,以提高公司知名度。日后,当我们建立商业信誉后,再回到主流市场,推出投资产品。我的方案被接纳,所以往后三年,我为韩国、巴基斯坦、印度尼西亚及中国推出投资基金,由创办期的 8 000 万美元增长至 6 亿美元。"

回顾过去,丁玉龙承认,基金管理业务中的投资知识只是成功的一部分。即使基金经理表现卓越,也绝不代表他能建立杰出的基金。要经营一家可持续发展的投资公司,另一个成功的关键就是具备发展和管理业务的能力,包括资金筹集、人力管理、基金推广,以及建立投资者关系。

1993年,丁玉龙的直属上司谢福华离开摩根建富,决定自立门户。"谢福华离开摩根建富不久后,我被猎头公司推荐到瑞银资产管理(UBS)工作。同时,谢福华创办投资公司建力集团(Prime Partners Group)。一年后,我也离开了瑞银,转投建力。"

1995年,丁玉龙碰到一生一次的机会。"新加坡金融管理局修订了对投资顾问公司的法例,降低了创办投资基金的条件。我跟老板及太太说,这是我开创个人事业的良机。毕竟,我自儿时已有成为老板的梦想。当时其实我已45岁了,但我相信,凭着我的投资知识及企业经验,假若未来三年,我能做出好业绩的话,我的前景定必理想。1996年,我创立了目标资产管理公司,筹集了550万美元,开始发展我的价值投资基金之路。"

建立优质目标

创立投资基金后,丁玉龙以专业眼光寻找价值,目标是物色合理价格的优质企业股。基于亚洲区的政治环境及不同文化的变量,他清楚了解,决定投资前必须对亚洲不同市场进行仔细的风险及机会评估。

丁玉龙解释:"由于政治转变能牵动经济转向,所以认识政治是十分重要的。毕竟,很多亚洲国家的政治系统尚未成熟,风险及机会都是来时快,去时更快。相对西方市场来说,亚洲区的经济周期比较短,市场波幅也比较大。因此,我们除了要认识亚洲市场的特点外，了解企业家的心态也是非常重要的。"

"回顾亚洲的企业环境，我们不时发觉，出色的亚洲企业家大多对政治风向非常敏锐，且善于掌握不同的营商机会。投资者必须认清企业家开拓新业务的背后动机，是基于商业因素还是政治考虑呢？不同商业上的发展，究竟是那些出色的企业家还是市场上的基本因素所牵动出来的呢？"

除了政治因素，文化也是不容忽视的。丁玉龙注意到，即使是以汉语为主的华人，已经有着多元化的特点。由于居住地区的政治环境不同，华人对风险及商业管理有着不同的见解。

"就是品味及爱好，即使是中国大陆地区的人也有很大的差别。举例说，中国不同地方都有各自的饮食文化，而当你评估一家饮食企业时，在中国北方行之有效的方法却未必适用于南方。从投资研究而言，我花了大量时间去认识不同企业，观察它们的营运效率并找出成功因素。对中小型企业，我尝试钻研它们的运作详情，从品牌到营销策略，从发行到物流，以至财务和现金流管理等。"

"举例说，有时我会问企业的管理层如何处理公司的过时存货。假如他们不懂或拒绝回答，又或滔滔不绝地说一大堆废话，则不论该企业如何吸引人，我也会选择放弃。"

"在亚洲进行投资，很多投资者都会专注于地区的增长潜力。事实上，除了留意数字和统计外，投资者也要了解企业是如何有效运作的。例如，何种因素令企业成功？为什么消费者会选择它的产品呢？正确的产品价格结构是怎样的？对于产品滞销的应急方案是什么？"

"亚洲是高速增长的地区，商机处处，企业家变得野心勃勃。有时候他们会不自觉地偏离了核心业务的发展，从而削弱了本身的竞争力。有时候，地区的法例及法规未被正确执行，企业管治风险也很大。因此，建立良好的人际网络，以便了解这些企业家的背景，是企业研究不可缺少的。"

"同时，对于基金管理，你不能只看一家企业的单一层面便评价它为优质。这样你只会是盲人摸象而已！你必须进行比较，才能知道企业的优劣。你也必须同时考虑市场动态及企业的不同特点。在亚洲，即使你找到了合适的行业，也有可能会亏本。你必须要深入观察行业的流程，以辨别谁是操控者，谁处于有利位置。"

丁玉龙举例，中国香港地区曾有一家业绩良好的顶级零售店，业主不断加租令零售店无法经营，最后被迫倒闭。"为何顾客常在店外排队光顾，仍逃不了倒闭的命运，究竟谁是大赢家呢？"

价值相对论

优质企业不一定是良好的投资，而良好的投资也不一定是优质企业。对丁玉龙来说，选择优质企业总是他的先决条件。他说："我们有一双眼睛，一只是往上看，另一只是向下看。套用到企业估值上，我们首先要分辨出企业处于哪一发展阶段，然后评估其上升潜力和下限风险。假如某企业正处于高增长期，价值就来自企业发展前景。相反，若某企业正处于零增长阶段，价值就来自其股价的折让率了。"

"价值是相对的。当我进行量化分析时，我不会为数据设定严格标准，例如市盈率要低于10倍、股权回报率必须高于15%，又或负债比率必须是某个百分比。我认为，明智的投资者要具备灵活性，才能考虑企业的特性、经济及投资环境，以及不同的潜在投资价值等。"

有别于一般的价值投资者，丁玉龙不反对买入高市盈率的企业股，只要它们能证明有赚取真正的现金流。毕竟，缺乏现金流的企业，再优质的业务也只是空中楼阁而已。他相信，价值投资就是寻找低估值的机会，但什么是低估值？当投资者买入某股票时，该企业是否必须就是低估值呢？或是若今天买入，企业能否在一年之后变成低估值呢？

"我常常对客户说，虽然我是价值投资者，但我也会投资于高市盈率的股票上。只要探究这高市盈率是否偶发性或短暂性的业务过渡问题，便清楚其投资潜力。有时候，这些高市盈率的企业就像坠落凡尘的天使一样，必须经历痛苦，才能从丑小鸭变成白天鹅。所以，在辨识这些投资前，我们必须进行大量深入研究，以及对企业及其行业动态有深切的认识。"

丁玉龙信奉西方宣扬的价值投资策略，但他认为，若要把它应用于变化无常的东方市场时，我们必须做出适当调整。"虽然新兴经济市场的增长速度较高，但它们同时具有较高的政治和企业管治风险，以及较短的企业周期和较少的流动资金。新兴经济市场的调整率可达 20% ～ 30%，若这跌幅发生于欧美市场，那便是崩盘了。"

"有时候，股票价格可以没特殊原因而疯狂涨跌。在持续动荡的市场中，对于买入股票而长线持有的策略，表现容易差强人意。我并不是鼓励投资者进行频繁交易，但当市场表现良好或某种股票已达到它的合理水平时，比较明智的做法是先将股票卖出获利，然后待市场调整时再次买入。"

丁玉龙倾向于将时间和专业知识集中于研究自己较具信心的

企业上。他的投资组合经常维持30只股票左右。俗话说,"不要把全部鸡蛋放在同一篮子里",但他深信,更简单和有效的做法是"把鸡蛋放在同一篮子里,然后专心照顾这个篮子!"

集中式的投资组合让他保持专注,令工作更有效率。他开玩笑说,买入股票就等同婚礼中承诺"我愿意"那般严肃。因此,在沽售或买入某股票时,必须有实质依据支持。

他说:"假如投资组合中的某股票价格下跌,我会探讨究竟它是与大市一起下跌,还是它在所属行业中被推低。前者是自然现象,后者则表示市场在关注这家企业的表现。有时候,某种股票会因不同因素而跌价。如果跌价只是基于小问题,那可能就是增持及拉低平均成本价的时机。但假如它的问题属于永久性问题,那我便毫不犹豫地马上沽出。我的专长是为企业做估值,所以绝不被市场流言所影响。因此,我只关注下跌原因是业务上的常见问题,还是业务架构的大改变。"

成就价值人生

在低收入家庭中成长的丁玉龙,年轻时已养成俭朴的习惯。多年以来,他在买入任何东西时,都要确保它是物有所值的。他强调,不管是购买投资产品还是任何其他东西,在买入前都必须进行价值比较。然而,寻找价值已成为他生活模式的一部分。

2006年,当新加坡的写字楼租金逐步上升,丁玉龙开始物色买入理想的办公室。在比较不同地点的价格后,他选择了距离商业中心数分钟的餐饮地段,买下了楼高三层的特色商业楼,把它改建为基金总部。

丁玉龙说:"其实,投资跟购物很相似,都是一些根据常理的举动，但不知为何这些常理往往变得不寻常，令世人无所适从。我买下的特色商业楼就在商业区的旁边，但房价相对低数倍。作为消费者，我的投资不是显而易见的决定吗？"

他以1997年的亚洲金融风暴举例："当全世界都在赞扬亚洲时，我便有意识地沽售亚洲股票。一方面，大多数股票价格已涨得颇为厉害。另一方面，当亚洲已演变成国际炒家的活动中心时，泡沫是势必破裂的。"

那时候，有三项交易在亚洲敲响了警钟。丁玉龙回忆道："第一，马来西亚决定建造全球最高的建筑物双子塔，以展示国家的财富。第二，马来西亚及印度尼西亚政府讨论兴建连接两地的跨国大桥，而这项工程牵涉超过10亿美元的成本。无论怎样计算，这绝对是不符合任何经济原则的。第三，数以百万计的非法劳工移民至繁荣的亚洲城市工作，令这些地区呈现出经济繁荣的假象。我不能预计危机何时出现，但我意识到亚洲必定出了问题。"

事实证明，丁玉龙避过了金融危机。他的投资基金于1997年只下跌了15.74%，但基准指数则下跌了44.31%。翌年，当基准指数下跌4.82%时，他的基金却获得61.8%的升幅。

虽然丁玉龙的智慧令他避过了危机，但在互联网的盛衰周期时，他仍承受了很大的压力。"由于我拒绝投入新的dot-com经济环境，我被客户批评为守旧派。有一刻我曾怀疑自己的投资知识是否已经过时，又或者世界真的在经历结构性的转变？然后，我意识到互联网公司与非互联网公司并没有分别。它们也要缴付税款、利息、员工薪金、写字楼租金及其他支出，却没有销售货品的真正现金收入。"

最终，他的敏锐触觉及精明判断令他在2000年赚取了1.44%

的回报。相反，基准指数却下跌了 36.73%。

到了 2008 年，丁玉龙在全球金融海啸下，终于受到真正的挑战。随着雷曼兄弟的倒闭，全球不同类型的投资无一幸免。他说："尽管我的基金表现好过指数，但我们也下跌了 44%。作为价值投资者，我知道哪些股票是便宜的，但我无法预测世界经济何时复苏。当时，我特别写了一封信函给我的投资者，告诉他们我会向基金注资 1 000 万美元，以支持我买入有价值的股票。2009 年，当最坏的时刻过去后，我的基金上升了 68%。"

2010 年，丁玉龙踏入 60 岁，希望可以放慢步伐。到了同年的 11 月，他决定结束基金公司。但一年后，他突然放下退休的念头，决定重开基金。"我实在太着迷于投资了。通过投资，我不仅可以学习和认识人生，也可学会欣赏这个生机盎然的世界。我重新创办基金，希望把基金的规模保持于 5 亿美元左右，并只为少数客户服务。这可以让我继续管理基金，而又不至于太忙碌和紧张。"

谈到对于未来的展望，丁玉龙总结道："经济全球化，加速了世界的发展步伐，同时也拉近了不同国家经济的距离。由于资金迅速在全球流通，分散投资并不一定会降低风险，所以只有价值投资，以正确及保本的概念来发掘优质企业，我们才可渡过市场、政治及经济所带来的不同危机。"

安倍修平
（Shuhei Abe）

史巴克斯集团
SPARX Group Co. Ltd.

第十章
日本最大上市投资机构的创办人

> 物竞天择，适者生存。
>
> 查尔斯·达尔文（Charles Darwin）
> 英国生物学家

史巴克斯集团有限公司（SPARX Group Co., Ltd.）是一家日本上市的资产管理公司。1989年成立后，创办人安倍修平（Shuhei Abe）便专注研究及投资日本股票，之后他渐渐由管理小规模的价值基金发展成日本及亚洲区的长短仓策略（long-short strategy）基金。2001年，公司在佳斯达克证券交易所（JASDAQ Securities Exchange）上市，其后分别于2005年及2006年把业务扩展至韩国及中国香港地区。

2011年，史巴克斯管理的总资产达65亿美元，有170名员工，当中包括49名分驻于亚洲不同地区的投资专家，致力发掘区内的价值投资机会。日本股票长短仓策略基金（Japanese Equity Long-Short Strategy）是它的旗舰基金，坚守价值投资法，自1997年6月发行至2011年止，总回报率为145.8%，或年均回报率6.36%。同期的日本东证股价指数（TOPIX Index）累积24.63%亏损，或年均亏损1.92%。

史巴克斯集团创办人安倍修平说:"在我做投资管理的职业生涯中,我的目标就是向有意投资于日本市场的客户提供投资情报和方案。我相信,在日本的投资市场里,若要迸发新火花,投资者必须保持思想开放,乐于接受新意见和新信息。"

史巴克斯(SPARX)集团创办于1989年。其名字SPARX代表投资的策略(Strategic)、组合(Portfolio)、分析(Analysis)、研究(Research)和专业(Experts)。对安倍来说,这名字也跟英文字Spark同音,代表迸发出火花的意思。

1985年,31岁的安倍得到一个希腊籍咖啡商的支持,以3 000万美元的资本在美国纽约市成立了安倍资本研究公司(Abe Capital Research),专注研究和投资日本股票。

开业不久,安倍采用价值投资法,找到日本铁路产业为投资目标。他发觉很多铁路股的价格十分吸引人,因为投资者单纯以市盈率评估这些股票,而忽略了铁路公司所拥有的地产价值。其实,铁路公司害怕政府削减票价,所以多年来购买了大量土地,用以增加公司支出,从而推低利润。当地产市场在20世纪80年代开始蓬勃的同时,这些土地变得非常值钱。安倍的看法是,若计算铁路公司所拥有的土地市值,铁路股的价格比正常低很多,因此便决定大量投资于这个产业。

为了吸引新客户，安倍撰写了一份名为《收购日本企业商机》(Takeover Opportunities in Japan) 的研究报告，寄送给他所能想到的美国十大投资者。最后，只有一位思想开明的投资者回复，而他就是量子基金（Quantum Fund）的乔治·索罗斯（George Soros）。

安倍说："当索罗斯来电询问对投资于日本的意见时，我十分意外。我跟他会谈了两个小时后，他邀请我担任他的基金经理，并给予我1亿美元用作投资于日本市场的资本。对于当时只有10亿美元的量子基金来说，索罗斯对我委以重任。"

"回顾当年，我猜想索罗斯聘用我的原因是，他早有投资于日本的打算。因他当时已经接近60岁，心有余而力不足，要独力办事，四处奔走比较困难，而我很幸运地在这一适当时机寄出了研究报告。我相信索罗斯认为我分析力强、富有精力、诚实可靠，所以便委任我为他的基金经理。"

安倍的铁路投资建议表现出色。虽然股市在1987年10月发生了黑色星期一事件，但铁路股股价至1988年已经升了差不多5倍。20世纪80年代末，索罗斯认为日本股市已接近高峰点，所以于1988年将他的资金从安倍资本研究公司撤出。同年，安倍也结束了纽约的研究公司的业务，回到东京翌年便创办了史巴克斯资产管理公司。

安倍在与索罗斯一起工作的两年里，收获了无价的经验。"假如当天我没有遇到索罗斯，我不会做着今天的工作。虽然我并没有从他身上学到任何特别的投资估值模式，但我了解了其投资心得和心理素质，以及他掌握信息和评估市场周期的方法，这些是难能可贵的！"

"例如在1987年的黑色星期一，他教我沽售不同股票，进行逆向投注，以及如何在日本资产泡沫爆破时获利。尽管沽空股票的决定最后被证明是正确的，但我们似乎在这方面比别人起步得更早。"

一切从音乐开始

安倍出生于1954年，来自日本北部札幌市的一个小家庭。当时札幌只是一个小市镇，没有正式铺设的道路，马匹是主要的运输工具。父亲安倍幸次（Koji Abe）是当地钢铁厂的员工，后来他与妻子光惠（Mitsue）成为了企业家，在家中的停车库开设小型钢铁工厂。

安倍说："在我记忆中，父母总是不停地工作。我还记得母亲常常背着弟弟，在工场内打造浴室的烟囱，以及给浴室刷漆。那时候，煤和木炭是日本家庭的主要能源，而洗澡水也是赖此加热，所以浴室烟囱是很常见的东西。那时的日本人很穷，但大家都抱着正能量，非常勤奋地工作。经历第二次世界大战后，国家给予我们的信息是，唯一推动日本经济的方法就是国际贸易，所以父亲便创办了一家钢铁工厂。"

"我们经营小生意虽然不算富裕，但与其他人相比，已经颇不错了。小区中我们是最早拥有电视机的家庭，而每当电视播放相扑摔跤比赛时，邻居都一起过来看电视，非常热闹。"

安倍是家中的长子，他有两个弟弟。他深知父母的工作十分辛苦，于是决定接父亲的班，但在继承家庭事业之前，他希望可以短暂地绕道人生，当一名音乐家。

安倍坦承："小时候我是学校合唱团成员。我们经常获当地电视台赞助，到不同电视节目中表演。这不但令我们获得不少观众欢迎和鼓励，也间接激励了我对音乐的兴趣。我的志愿是成为乡村音乐歌手。我的学业成绩一向名列前茅，可是陶醉于音乐令我分了心。我还记得当年我整天在弹吉他，甚至在街上卖唱，最后成绩一落千丈。"

无奈，兴趣与现实生活有所冲突。安倍知道自己是很好的吉他手及歌手，但现实是，他仍须努力不懈，经过漫长的时间，才能达到职业水平。他解释："拥有热情很重要，但同时也要客观地判断自己的能力。我很喜欢音乐，但并未达到职业水平。"

"我相信，每个人都有艺术细胞。在人生中，谁也可创作一首普及世界的名曲，若要成为职业音乐家，你必须要不断复制你的天分，创作多首名曲才能在乐坛立足。这跟投资相似，你可以热爱投资，而你人生中也一定会买到赚钱的股票，假若要成为职业投资者，你必须了解自己，制定一套能不断复制回报的投资系统。"

最终，安倍决定面对现实，到东京上智大学（Sophia University）修读经济学，希望学习一些营商技巧，为日后继承父业做准备。安倍认为大学课程并不特别具挑战性，所以他决定上夜校进修英语。他报读了一个密集的英语课程，每天上课三小时。两年后，班上 200 位同学大约只有 20 人可以毕业，而安倍就是其中一位。

"我可以在那个英语课程考获合格，大概是我比其他同学有更多时间温习。很多同学需要做兼职帮补家计，我则比较幸运，因为父亲的生意不错，我不需要找工作赚钱。此外，我很努力学习，并相信学会英语会使我有更多机会到其他地方做生意。"

打破语言障碍

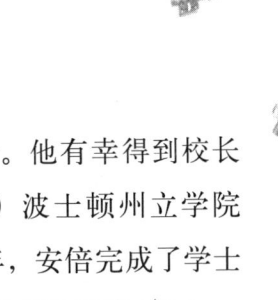

学会英语后,安倍打算到世界各地探索。他有幸得到校长的推荐,参加了马萨诸塞州(Massachusetts)波士顿州立学院(Boston State College)的交换生计划。1978年,安倍完成了学士学位课程后,决定留在美国继续进修,入读巴布森学院(Babson College)修读工商管理学硕士。

安倍回忆道:"我的营商心态愈来愈认真。我很用功读书,完成了第一年的会计、金融及经济课后,我的脑海灵光乍现,发觉这三个科目可合并成有系统的业务架构,于是我便开始研究企业个案,根据其财务数字想象它们的营商模式。"

安倍在美国逗留了三年,取得硕士学位后便回到日本打算协助父亲经营业务。可是,家族的公司却受到1979年石油危机的严重打击,要进行破产债务重组。安倍接受了父亲的建议,到大型日本企业积累经验,在1981年加入野村综合研究所(Nomura Research Institute)担任分析师,负责分析消费性电子产业。

"我并没有清楚地想过要在野村取得怎样的成就,我只希望可以成为一位优秀的分析师,然后写一部投资书籍。由于我懂得英语,所以工作一年后便被派到纽约分公司担任股票经纪,负责向美国公司推销日本股票。"

再次回到美国的安倍,根本不晓得如何向当地的投资公司推销日本股票。他的唯一优势是会说英语的日本人。"20世纪80年代早期,向美国公司推荐日本股票好像是对牛弹琴,因为他们对日本股票根本不感兴趣。而且,推荐个别日本股票风险实在太高,所以这并不是恰当的推销方法。当年只有二十多岁的我,大胆地向公司推介'投资组合'的全新概念,幸好得到野村公司的认同。"

"对美国投资者来说，投资于个别日本股票是既陌生又冒险的行为。因此，我研读了公司投资团队推荐的全部股票的研究报告，并假设自己是一位基金经理，然后设计投资组合，再推介给潜在客户。幸运地，我每次介绍的投资组合价值都有上升，所以我慢慢吸引了一些新客户。后来我学到，只要投资原则合理，保持耐心及坚持，便是赢取客户信任的关键。"

已有一年多销售投资组合的经验后，安倍得知田纳西州政府准备将投资组合分散至国外地区，他马上动身到田纳西州首府纳什维尔（Nashville）向投资团队介绍其投资组合模式。经过持续一年的月度会议后，他成功邀请到田纳西州政府开设价值5 000万美元的账户。

"我相信田纳西州的投资经理是被我的坚持和诚恳打动了。纵使未有业务往来，我仍主动每月跟他们开会讨论。最后，他们接受了我推荐的投资组合，而田纳西州的账户也使我成为业绩最好的股票经纪。"

安倍在美国市场推销投资组合期间，注意到日本经纪商都误以为美国投资者只想购买日本蓝筹股，例如索尼（Sony）或丰田（Toyota），但事实并非如此，尤其是价值投资者。

安倍解释："弗雷德·里姆斯（Fred Reams）是位于印第安纳州哥伦布市里姆斯资产管理公司（Reams Asset Management）的基金经理，负责管理退休基金。他教我价值投资法，以及如何审视企业资产负债表和计算企业隐藏资产的价值。里姆斯教我突破日本传统，打开守旧的股票估值思维框架，撤除野村公司推荐的蓝筹股，要重新设计一套符合他的价值要求的股票组合。这是我第一次认识价值投资法，我渐渐明白股票的价值定义。"

不久，安倍遇到富达投资公司（Fidelity Investments）的老板内德·约翰逊（Ned Johnson），后来又认识了富达的星级基金经理彼得·林奇（Peter Lynch）及他的门生乔治·诺比尔（George Noble）。接触这些人物令安倍开始了解到美国投资者如何将基本分析法应用于股票上。

汲取了西方智慧，安倍发觉日本投资者的投资研究实在太过简单了。例如，20世纪五六十年代，日本投资者主要根据企业账面价值研究其股息收益率，却忽略了盈利率，所以很多股票如索尼都只是2～3倍市盈率。当经验丰富的外籍投资者发掘到这些超值的日本股票时，日本才慢慢掌握市盈率的概念，并将此概念发展成20世纪七八十年代评估股票的主要指标。

安倍指出："根据我的观察，西方投资者早有一套成熟的股票研究法则，而他们正是应用这套法则在世界各地寻找机会的。在20世纪80年代，我仍是一名缺乏经验的小伙子。学习及采用了价值投资法后，我改变了自己既有的思维方法以适应美国模式。情况就好像，我必须改变烹调方法以适应别人的口味。若他们不吃生鱼片，我便要把鱼煮熟。这就是生存之道！最初，当我创办史巴克斯时，我是采用美国估值方式来分析日本股票，希望让全世界的投资者对日本市场有更深认识和了解。"

接受了这些令人耳目一新的投资理念后，安倍发现日本的非人寿保险企业股票价格十分便宜。审视它们的资产和负债后，安倍发现这些企业都持有大量比其市值高出多倍的投资项目和股票，但它们的市盈率只跟市场水平差不多。认定了这个机会，安倍继续向美国投资者推荐。到了1985年，安倍在不同投资者的鼓励下，创办了安倍资本研究公司，并于1989年返回日本后，创立史巴克斯资产管理公司。

与时俱进的投资思维

当安倍创办史巴克斯时,他发觉日本的经纪商非常安于现状。由于股票自 1986 年起一直表现良好,投资者不认为他们需要改变投资策略。他们相信,单纯买卖蓝筹股便可致富,根本没有改变的必要。

安倍说:"由于大型投资机构认为投资小型企业收益不大,所以无意拓展这项业务,因此市场上也没有任何关于这些小型公司的研究资料。当时日本股市已弥漫着炒作风气,即使是最理智的投资经理也被诱使投资于日本市场,这将大型企业股的市盈率推高了 70～90 倍。

"我深知,假如我要投入竞争,我便要表现得与众不同。因此,我决定将价值投资法应用于小型企业。这些股票的流动性比较差,经纪商都不会向客户推荐,但它们的市盈率偏低,所以折让价值很大。我制定了一套小企业投资组合模式,向一些大量投资于日本大型企业的外资机构推销。"

"当时我的理由是,大型企业股的溢价已经很高,若不同时持有小型企业股,当大市下跌时,它们的投资组合将会变得风险很高。另外,假如市场持续上涨,小型企业股最终也会变成优质股。我的方案被中东一家主权财富基金采纳,他们向我公司注资一亿美元。"

六个月后,蓝筹股指针日经 225 平均指数开始下滑,幸好,安倍的小企策略让他安然度过这场风暴。他补充:"1989 年 12 月,日经 225 指数到达最高点,但小型企业指数只有 1 600 点,而一年后它更升至最高的 4 100 点。当时投资者意识到大型企业股已出现泡沫,所以决定将资金转投于小型企业股,令两者之间有一段时间差距。我们幸运地把握了这段空窗期，从小型企业股获利不少。"

到了1992年年中，安倍的事业踏入了最黑暗时期。1993年，主要吸引中小型公司挂牌的佳斯达克证券交易所（日本场外证券市场）指数急速下滑，令史巴克斯入不敷出，难以应付分析师的薪金和东京写字楼的昂贵租金。

安倍说："回顾当年，我意识到公司不可能继续经营，但我还年轻和充满热情，所以我的斗志令我坚持投资的信念。1994年，我们获得美国华平投资集团（Warburg Pincus）注资，燃亮了公司复兴的希望。无奈的是，在日本20世纪90年代是我最痛苦的时段。例如1997年，当日本的指标指数亏损了41%时，我们的管理资本也下跌了20%。"

"我们经历了两年升势后，市场开始倒退。总结过去四年，我们好像回到起点，原地踏步。假如市场下跌了20%，而史巴克斯只是亏损了10%，按道理客户应该感到高兴，但他们永远不会开心，因为我们仍是负增长！"

"金融危机出现时，价值投资者应该很雀跃，因为可以买入廉价的股票，但客户却因不理解而担心。要帮助投资客户在日本市场获利，我们要不断进步，建立一套新的买卖技巧，才能够满足客户的需要。这一技巧既能保障他们的资本，也能赚取投资回报。因此，在1997年，我们成为首家发行长短仓基金（long-short fund）的公司。应用长短仓策略买进一些预期会跑赢大市或涨价的股票（长仓），以及沽空另一些预期会跑输大市或跌价的股价（短仓），务求在升市或跌市时都能获利。"

"20世纪90年代的日本处于历史性的反常期。我们在经济学中学过'通缩'的概念，却从未想过它会在日本出现。在通缩经济环境下，企业收入减少，但成本不一定下降，所以其股票的边际利润只会收窄，而投资者理应减持股票的。因此，在这样的市场环境中，唯一的生存之道就是调整、改变！我们利用价值投资法分辨出廉价股票和高估值股票，不管在牛市或熊市的环境下，我们都能够获利。"

尽管长短仓策略似乎偏离了传统价值投资法，但安倍为自己的逻辑辩护："我认为，优秀投资者应该要随时代改进其策略，以适应当前的市场环境。纵使我们采用长短仓策略，我们的价值投资理念和原则绝不因此而改变。"

"举个例子，沃伦·巴菲特（Warren Buffett）的投资策略跟本杰明·格雷厄姆（Benjamin Graham）的原始价值投资法则也有不同。假如巴菲特没有与时俱进，他不会发掘到可口可乐公司的投资机会。他认为品牌价值就是金钱，而这并非传统的价值法则。"

打造西化的日本

与时俱进、适者生存的态度是安倍成功的因素，更形成了市场一股新动力，造就了史巴克斯今天亚洲最大型投资机构之一的地位。尽管他的策略在于价值、焦点在于日本，但他没有囿于自己设计的投资策略。

安倍说："作为企业家，又是日本及亚洲区价值投资的追随者，我希望史巴克斯可以打破文化、风俗和语言隔膜，为不同的投资者带来不一样的价值判断。同时，我们不应自满。要经常自我挑战，保持创意与创新；否则，我们就会在自然淘汰过程中被市场离弃。"

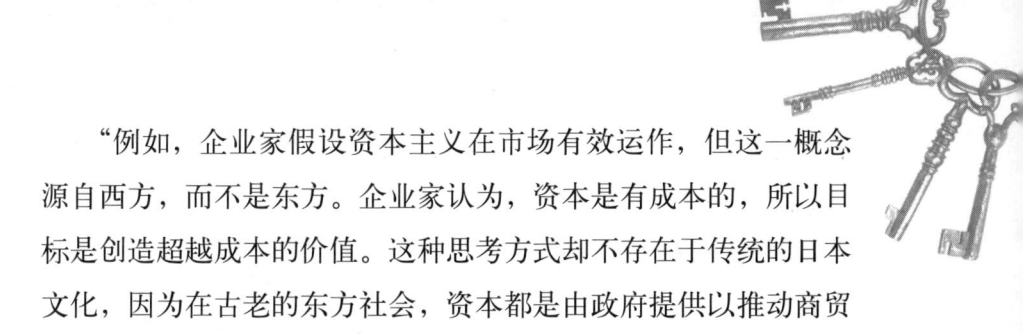

"例如，企业家假设资本主义在市场有效运作，但这一概念源自西方，而不是东方。企业家认为，资本是有成本的，所以目标是创造超越成本的价值。这种思考方式却不存在于传统的日本文化，因为在古老的东方社会，资本都是由政府提供以推动商贸发展。时至今天，日本经济正破旧立新，从无资本架构中破壳而出。为此，我们必须改革创新，才能赶上时代的变迁。"

"除此之外，假如你留意日本文化，一直左右着日本经济的企业联盟削弱了日本投资市场的吸引力。它的管理层只考虑自身利益，而置股东利益于不顾。我们必须带领企业文化向前，走向西方的企业文化，才能扭转这种状况。"

为了推广及统一日本市场，安倍在2003年发行了创造日本价值投资策略基金（Japan Value Creation Investment Strategy Fund），而公司更与加州公务员退休基金（California Public Employees' Retirement System, CalPERS）及总部位于圣地亚哥的关系投资者公司（Relational Investors）组成联盟，一起推广日本的企业管治。这一基金强调盈利素质、企业核心竞争力、成本管理及股东价值，形成了市场新动力，促进及改善了很多日本公司的企业管治。

往后，史巴克斯不但得到了巨额回报，还改变了日本本土的企业文化。为了拓展投资领域，史巴克斯于2005年收购了韩国的环宇投资管理公司（Cosmo Investment Management），翌年又购入了中国香港地区的PMA投资顾问有限公司。

安倍认为，史巴克斯的扩张是迈向全亚洲的过程。他说："我们的目标是提升及强化公司核心业务的水平和竞争力。就好像可口可乐公司，它代表了公平、可靠、良好商誉，所以人们会买它的股票。展望将来，当人们有意在亚洲寻找投资服务时，我希望他们会想起品牌优质、值得信赖的史巴克斯。"

寻找不一样的价值

对安倍来说，价值投资是发掘投资的真正价值与其市场价格之间的潜在套戥机会。他说："你必须问自己，这家公司如何赚钱？它的最大优势是什么？然后再从接管角度出发，考虑这个企业的价值大小。对我而言，投资分析是结合艺术和科学两个层面，然后把两者融会贯通，找出获利的玄机。"

"投资的艺术或质量层面大抵是既定的，但其本质有时候也可通过经验做出改善。例如，巴菲特如何评价他的经理人是一项艺术，但随着他汲取更多人生经验，他提升了其艺术水平。"

多年来，安倍学到凡事保持专注的重要性。他认为，聪明的投资者应该找出最适合自己性格和风险承受能力的特定资产类型，然后专注于此，而不是分散地去认识和分析不同类型的投资产品。他说："我虽然也会留意债券、地产及其他国家的投资状况，但我的焦点始终专注于日本股票。这就是我专注的市场智慧。"

"除了保持专注，投资者也需要富于远见。有时候，你不能直线性分析世界的变化，所以当遇上机会或危机时，你必须把目光放远一点，以客观的态度来掌握事实，以富有想象力的态度来估计可能发生的结果。"

谈到投资的科学或量化层面，安倍认为这是一种可培养的技巧。安倍说："在创办史巴克斯时，公司无法负担有经验的员工的薪金，而素质良好的学院毕业生又不会冒险进入我那不知名的小型企业。我唯有招聘训练生，细心教导他们成为分析师，慢慢建立起自己的投资团队。"

"我当时就好像高中学校的导师,指导年轻人有系统地对企业进行分析研究。最后,他们都成了富有经验的分析师,支持了史巴克斯的早期成长。从这些经验中,我清楚认明,投资需要有一套定义清晰的策略。同时,投资者也不应该为了达到某些数字目标或为了追逐投资回报而破坏自己的原则和策略。"

"还记得当年和那些年轻分析师进行投资讨论时,我经常鼓励他们运用想象力,考虑企业的过去绩效和未来发展,并测试他们的看法和论点。接着,我要求他们有系统地分析及计算每项投资的潜在价值,以及其可预测回报。"

"不过,世事无常,虽然我们可以预计企业在往后多年的盈利,但这些数字都有点虚无飘渺、不具重要意义。作为价值投资者,我最终只会评估企业在未来三年的价值及方向。任何超过三年的预测,都似乎有点儿投机意味了。"

为求集思广益,让各人提出投资见解和意见,安倍和他的团队经常于每星期四早上七时开早会。安倍称它为"巴菲特俱乐部"。会议中,分析师及投资组合经理可以自由发言,表达他们的意见及经济观点。有时候,他们会分享最喜欢、最能触发灵感火花的投资书籍。而安倍经常提及的投资圣经包括格雷厄姆的《聪明的投资者》及索罗斯的《金融炼金术》。

安倍说:"当讨论出现意见不合时,我们就会将焦点回到会议的原始目的。对艺术与科学做出平衡,有时脑袋的艺术层面可以创造美丽的将来,但在科学层面有时候又会主宰一切。未来没有对与错之分,重点就是为投资设定明确目标,理念和原则更不可经常改动。"

回顾过去,安倍很感激他在日本所得到的重大机会。尽管多年来在事业上所遇到的残酷现实令他举步维艰、如履薄冰,但他深深了解到，在投资产业中，幸运只是额外奖赏，而过度自信则是失败的其中一个原因。

早期推销日本股票的艰难日子、在资产泡沫严重炒作时创办史巴克斯，及后对于投资策略的调整，这些事件让安倍成长为一位懂得顾及别人感受的出色投资经理。由此可见，勤奋、诚实及诚意，就是安倍的美德。

当世界经济自互联网泡沫步入复苏期，美国发生了"9·11"恐怖袭击，全球又爆发了非典肺炎疫情，安倍有感而发，在2003年写了这段话：

> 明天是昨天和今天的延续。我们作为人类、作为投资者，唯一可做的，就是不走捷径，做正确的事。通过不断探索的过程，实质的影像就会渐渐形成。起初，你所体会到的东西可能模糊不清，但只要保持耐心，纵使最模糊的、最黑暗的，也会找到光明之路。这就是人生的价值信念！

叶维义
(V-Nee Yeh)

惠理集团有限公司
Value Partners Limited

第十一章
永恒的价值思想

> 完全按照世人的想法生活很容易，依照自己的模式独处也很简单，但能够置身世人之间，又能保持着个人的独立气质，才是真正的成功人物。
>
> 拉尔夫·沃尔多·爱默生（Ralph Waldo Emerson）
> 美国作家

叶维义是惠理有限公司的创办人之一。惠理创办于1993年，是一家以中国香港地区为总部的资产管理公司，采用价值投资理念在亚太区发掘投资机会。2006年，公司架构重组后成为惠理集团，翌年在香港联合交易所上市。

在2011年，惠理集团管理超过72亿美元总资产，被评为亚洲最大的资产管理公司。旗下最受市场瞩目的惠理价值基金（A股）自1993年4月发行以来，总回报率为1 756.4%，或年均回报率16.9%。恒生指数基准于同期的总回报率为262.4%，或年均回报率7.1%。

叶维义从1996年起退出惠理的日常管理工作，开始在亚洲地区物色新的投资人才。2002年，他合伙创办了Argyle Street Management投资公司，担任公司主席。2003年，他也加盟捷达投资管理集团（Cheetah Investment Management Group）并担任主席，其后把集团重组成对冲基金公司，专门物色价值基金经理及发行不同亚洲主题的价值基金。

叶维义回忆说："我第一次遇上市场恐慌是在1987年10月19日的'黑色星期一'。当天道琼斯指数下跌了超过20%。那时，我认定世界经济即将陷入严重衰退，但不久，经济全面复苏，而我最初的看法也被证实完全错误。"

当年只有28岁的叶维义，发觉准确预测宏观经济发展并不容易。每每在事情发生后，投资者可以评论什么是对，什么是错；但经济事态发展如此突然，即使有最确凿的事实及数据都可能做出错误判断。因此，叶维义认为，与其将注意力集中于经济数字，不如专注研究个别企业的基础业务，理解它们的特质和投资价值。

叶维义解释："'黑色星期一'让我学习到，当危机来临时，企业的持续性就是对抗市场衰退的最大保险。基于这个道理，企业的现金流及创造能力就是判断其价值的最基本及最理性的依据。"

具有真正价值投资者的性格特质，叶维义相信，独立思考、逆向投资方法，以及勇于在恶劣市场环境下采取行动，可以使人生更丰硕。然而，成为价值投资者之前，他其实从没打算跻身投资界。

多学科的人生旅途

叶维义在 1959 年出生于中国香港地区显赫及受尊崇的家庭。他的祖父叶庚年曾在上海拥有一家历史悠久的建筑公司，但在 1937 年因为政治局势不稳，毅然放弃一切，举家迁居香港，从头开始新生活。

在叶维义年轻的时候，父母已灌输了他不同的人生价值观及谦逊的态度。"尽管我的家族颇为富裕，但我们却崇尚俭朴生活。在我小时候，我的零用钱十分有限，所以我必须为自己做好财务预算，计划日常开支。长辈教导我和妹妹金钱和物质主义的真正意义。事实上，从家族早期的艰苦岁月中，我们学会了在顺境时不可得意忘形，在逆境时不可退缩不前。"

求学期的叶维义非常忙碌，既要做好功课、补习进修，还要经常做运动。除了学业成绩非常出色，他也喜爱看漫画书及中国武侠小说。

叶维义在 16 岁负笈美国，就读于美国马萨诸塞州的米尔顿中学（Milton Academy），并于 1977 年以优等成绩毕业；接着，他进入威廉姆斯学院（Williams College）修读马克思主义历史，于 1981 年以最高荣誉生（magna cum laude）取得历史学士学位。

"年轻时的我并没有理想。我从没想过要成为一个怎样的人，或要做出哪些成就。我选择威廉姆斯学院，纯粹因为它是一所自由开明的文理学院。在 20 世纪 70 年代，自由是颇为时尚的东西，所以我便选了此学校。"

毕业后，叶维义仍未打算投入社会工作，他决定进入哥伦比亚大学（Columbia University）修读法律课程。"我知道，主修历史科对我找工作毫无帮助，但我不爱商科，所以在众害取其轻的原则下，我便进入了法律学院。"

尽管当时叶维义的很多决定在今天看来有点傻气，但它们却交织了一个多元化的学习框架。他修读马克思主义历史令他相信，共产主义社会应该摒弃出生、阶级、种族及背景歧视，为人们提供平等机会。走到法律课堂中，他探讨不同国家宪法如何在法制上体现出来。也许，研究不同科目让他找到生命的意义及职业的道路。

叶维义修读法律期间，很快又对另一科目产生兴趣。"攻读法律课时，我当了两年暑假的实习生。暑期工作经验令我强烈察觉到，我的性格并不适合当律师。某学期，我选修了证券法律，有机会向一些投资银行家学习。我发觉投资银行业非常有趣，所以我希望尝试投身金融界。"

虽然叶维义开发了新兴趣，但他仍坚持完成哥伦比亚大学法律学院的课程，并于1984年毕业，取得优异成绩，更被授予哈伦·斯通学者（Harlan Fiske Stone Scholar）的荣誉称号。在25岁考取加州律师资格后，他被位于纽约市的拉扎德（Lazard Frères）投资银行录取，正式从事金融界的工作。

缺乏正统金融或会计训练的叶维义，这时面对着人生中第一次的挑战。他明白，工作的头六个月表现将决定他的成败，所以他必须比任何人表现更出众，才能保住工作。幸运地，他在压力下仍能发挥自如，能够紧贴着瞬息万变及急促的企业步伐。

在拉扎德银行时，叶被派往企业财务部工作，然后转往负责并购及收购工作。在1988年，银行调他往伦敦担任自营证券交易员（proprietary trader），负责风险套利（risk arbitrage）工作。风险套利是在不同时间对债务重组或收购并购公司的风险套利。套利者买进将要被并购的公司股票，同时卖出收购者的公司股票。

1989年，他成为了拉扎德资本市场公司（Lazard Brothers Capital Markets）的合伙人。

回顾在拉扎德工作的日子，叶维义说："相对于大型投资银行，拉扎德的架构比较简单，所以我可以转往不同部门来探索感兴趣的工作。直至今天，我仍然很感激给我不同机会的上司，尤其是企业财务部的彼得·史密斯（Peter Smith）。他当年知道我缺乏金融知识，但仍尝试聘用我，令我非常欣慰。"

尽管叶维义从公司里不同的上司身上学到投资知识，他表示最难忘的投资教训实际上来自自己的愚蠢行为。"在我职业生涯中的第一次投资交易源自一位证券经纪的推销电话。他向我强烈推荐买入猪肉期货，而我竟然相信了他。我在短时间内损失了两个月的薪金。对于我的投资职业生涯，这次教训既痛苦又关键。我学会了，在进行任何买卖之前，必须要有自己的想法，也不可对其他人的投资建议信以为真！"

回顾过去，叶维义十分感激父亲叶谋遵对他的无条件支持，让他可以在年轻时自由地选择自己的道路。"中国传统观念中，我父亲的思想算是十分开明。他从来没有强迫我参与家族生意，只要我热爱自己所做的工作，他便会全力支持。他的不干预态度让我可以毫无压力地发展自己的事业，同时也把我塑造成一位负责任的人。"

当叶氏家族的新昌国际有限公司（Hsin Chong International）要进行一系列企业架构重组时，叶维义感到自己有责任回归家族，协助父亲。1990年，他决定辞任拉扎德合伙人，正式回到香港，打理家族业务。

寻找合适的价格

20世纪80年代末,考虑到时局和前景,叶氏家族决定重整业务状况。叶维义解释:"我们是联交所上市的一家小公司。主要业务是物业建筑、发展和管理,以及船务业。由于父亲的兄弟姐妹对香港的前途感到忧虑,我们必须想出最好的方案,将公司的流动资金分配给全部股东。假如我们要公平对待每个人,我们就要重整公司业务。"

在一系列的交易中,叶维义将家族企业分拆为两部分:新昌营造集团及新昌国际集团。1992年,他安排了一次杠杆式管理层收购,将新昌国际集团私有化。金融界都赞扬叶维义在这次事件中精明的财务技巧及准确的市场时机。这交易也令叶维义在业界迅速成名。

"回看我们的杠杆式管理层收购,我们确实十分幸运,因为我们所提出的收购价被小股东欣然接受。其实,1992年年初,市场情绪仍然较为悲观,所以股东大部分认为我们提出的方案很公平。但事实上,假若我们把交易推迟半年,则收购可能告吹,因为当邓小平在南方谈话期间发表了推动国家经济的讲话,他间接令市场情绪逐渐转为乐观。"

1992年3月,邓小平到毗邻香港的广东省视察。期间,他对中国经济改革做出了大胆的评论,消除了投资者的疑虑,重新给予投资者信心。邓小平的政治宣言"致富光荣",重新点燃了中国人对投资市场的情绪。当时摩根士丹利的分析师巴顿·毕格斯(Barton Biggs)甚至说邓小平为中国市场带来了"极度乐观"(maximum bullish)的情绪。

1992年年底至1993年,香港恒生指数上升了超过30%,叶维义把握了这段时期的升势，沽售了公司的运输船队，偿还了为管理层收购所举的借贷，使新私营公司的资产变成零成本。这次交易再次提高了叶维义的声誉，甚至被誉为股坛天才。

他表示："现在看来，我们似乎是算准了市场时机进行交易。但事实上，那纯粹是幸运和顺利而已。回想当时的情况，我学到，在交易或投资上，你根本无法知悉最好的价格是什么。你可以做的，就是确定你认为舒适和合理的价格，而不过度估算别人或市场的想法。"

寻找价值合伙人

完成了家族业务重组后，叶维义开始在香港寻找新机会。经过思考后，他知道自己最热衷的还是投资。他说：在20世纪90年代初，我根本不知道何谓价值投资。我只是依照自己的想法进行投资，而当中的理念就是对比投资的价格，及其长远的投资回报和价值。我常常听取不同投资者的意见和交换心得。一天，我遇到了谢清海。我和清海的投资观点及理念十分相近。久而久之，我们才发觉自己是真正的价值投资者。"

记者出身的谢清海是马来西亚槟城人。1989年，他加入以伦敦为总部的摩根建富（Morgan Grenfell）投资银行香港分公司，专门对亚洲中小型企业进行投资研究。当叶维义对新昌国际集团进行私有化时，摩根建富就是新昌小股东的财务顾问。谢清海作为研究总监，负责为股东列举收购交易的利弊之处。

对于谢清海，叶维义只有称许："当我们对新昌进行私有化时，我并不认识清海，但当我阅读过他对我们的收购条件的评审报告后，就对他肃然起敬。我发觉他的想法和投资理据很了不起、很有见地。他代表收购的另一方，以公平的态度谈论收购的估值，清晰表达了他的观点。"

不久后，叶维义对谢清海的认识加深，两人也成为好朋友，并提出合组投资公司的建议。于1993年，两人便一起创办了惠理有限公司。"我们以560万美元创办了惠理价值基金。公司开业初期，员工只有我、清海和一位秘书，办公室是分租新昌写字楼内的一个小房间。"

"如果你问我们当时想要取得什么成就，我们真的没有概念。我们只是想以自己的金钱进行投资，并且接纳信任我们的客户资金，以及实践价值投资法，发掘一些未被热炒及未被广泛研究的香港中小型企业。"

回顾20世纪90年代时的投资形势，叶维义注意到，即使中国香港地区已成为亚洲的重要金融枢纽，香港投资者仍比较短视和抱有稍强的投机心态。他们大部分都缺乏审慎投资策略，而且都是根据传言和消息选股。相反，英资和美资的大型投资机构却是从远处做出投资决定。他们的策略是跟随大市走势，买入蓝筹股，而并非将注意力放在选股及分析上。事实上，他们并非选股专家。他们只是环球宏观投资者，而他们的持股年期一般都不算长。

"当我们创办基金时，价值投资在香港并不广泛，所以市场上根本没有竞争对手。我们主要集中于基础分析，了解不同公司的企业架构、营商模式、现金流管理，然后对这些公司做出公平估值。我们将注意力放在投资的下限风险上，所以当股票以折让价出售时，我们才会入市。"

"对我而言，投资需要广阔和横向思维。在我们寻找投资机会时，第一个要考虑的条件是企业的现金收益。原因是，在评估下限风险时，充裕现金流往往就是令企业渡过危机的关键。"

"在沽售股票时，我会先考虑再投资风险（reinvestment risk）。作为价值投资者，我观察到大部分的投资者都低估了再投资风险的代价。即使你做了一项好投资，并且卖出获利，但最后你仍会将这笔金钱再投资在市场上。优秀投资者与一般投资者的真正分别在于，前者总能想出再投资的好方法，以产生复式回报效果，但后者却欠此能耐。"

"我们创立惠理时，以"纪律投资"（investing through discipline）作为格言。这句话并非推广公司的口号，因为我们是认真地去贯彻价值投资。我们强烈相信，价值投资者必须严守纪律，而这个特质是需要经过时间及持续实践去证明的。"

通过"纪律投资"，截至2011年惠理旗下管理的资产增长到90亿美元。顺利渡过多次市场危机后，惠理更蜕变成更实在、更优秀的投资管理公司。中国香港地区一直是亚洲的高流通性市场之一，资金可以自由进出市场，但这个独特的金融中心却常常受到全球危机的影响。

叶维义表示："在十多年的营运中，我们已经历了大约五个市场周期。平均每两三年就会出现一场危机，而每次我们都战胜了它。这些经历加强了我们的信心，同时证明了价值投资法是有效的。回顾过去，我发觉自己的投资旅途既有趣又富挑战性，但有两个时刻令我真的感到忧虑。一次是1997年金融风暴的艰苦期，另一次是2000年科网股的思想斗争期。"

"1997年的亚洲金融风暴及其余波是艰苦期。很多客户要赎回基金，这对惠理来说是极危急时刻。当时市场下跌了超过50%。香港政府出面救市，但只购买了一篮子的本地蓝筹股，以支持港币与美元货币挂钩政策。由于我们的持仓都是中小型企

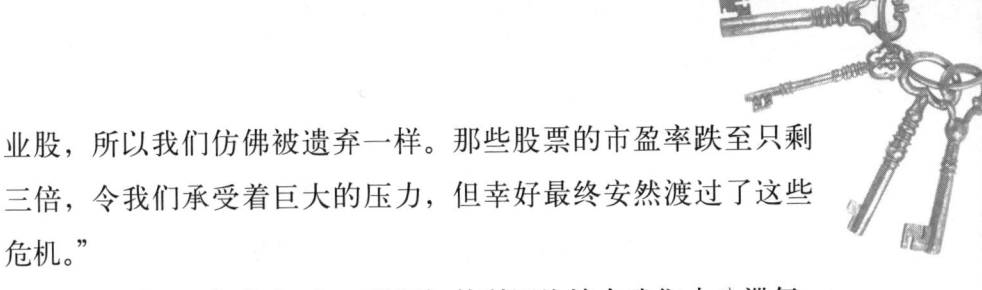

业股,所以我们仿佛被遗弃一样。那些股票的市盈率跌至只剩三倍,令我们承受着巨大的压力,但幸好最终安然渡过了这些危机。"

"20世纪90年代末至21世纪初的科网泡沫令我们十分泄气,也间接令我们走进了一场投资思维的斗争。我们严守着投资纪律,没有染指这些科技股,以致被客户嘲笑和质疑。随着占据我们投资组合不足1%的科技股爆破,我们再一次安然度过了市场崩盘,也证明了纪律投资十分重要。"

发掘价值人才

除了工作忙碌外,叶维义的私人生活也很繁忙。1994年,他与梁美兰结婚。1996年,女儿Nadya出生。同年,叶维义决定退出惠理的管理层,让合伙人谢清海全权管理公司,而自己则担任公司荣誉主席,与公司保持密切联系,分享心得和意见。

叶解释:"从公司创办第一天开始,清海已经是投资总监。惠理的成就大部分归功于他。老实说,我只是一位与他分享意见的合伙人而已。我认为,既然有一位如此值得信任的合伙人,最佳的做法就是让他主持大局,让其做最出色的事。"

叶维义承认自己有很多缺点。"我更像一个企业家,多于真正的基金经理。虽然我热爱投资,但我缺少优秀基金经理所应具备的触觉。坦诚而言,我给予公司信任和信心,可能是我的投资目光较长线,所以为团队注下了强心针。"

其实,令叶维义退出惠理管理层的原因是,在1996年,他被邀请担任香港联合交易所上市委员会委员。为避免出现潜在利益冲突,最合乎逻辑的做法就是退出惠理的日常工作。翌年,他也担任了家族业务的监管人，为家族寻找投资机会。2002年，叶维义合伙创办了另一家以香港为总部的投资管理公司Argyle Street Management，专门投资亚洲区有问题的特殊资产。

叶维义解释："我找到陈健和Angela Li两位合伙人。他们的性格特质很相似，跟清海的价值投资理念也很接近，只是他们从事不同的资产级别，投资手法也不同而已。他们很具天分，也很忠诚，因此我的确十分幸运可以与他们组成团队。公司开业初期，我亲力亲为工作，但当公司踏上轨道后，我便放手让他们全权管理业务。"

对于自己退出投资前线，物色不同类别的价值投资者，叶维义表示："很多投资者甚至投资书籍都喜欢谈论何谓正确的投资模式或方法，但我认为最重要的，不是拘泥于何谓对错，而是要了解自己的性格，然后制定一套适合自己的投资机制。假若你能够保持冷静及忍耐，选择价值投资法是绝对合适；但假若你行事战战兢兢，好胜心强，那频密及短线的投机模式可能是更佳选择。投资并不是寻找固定形式，而是要因应个人性格去投资，互相协调，随着时间的推移和经验的积累，慢慢完善投资策略，否则，你只是在跟自己斗气而已！"

凭着这个信念，叶继续寻找那些与他有共同理念，应用不同策略的投资人才。在2003年，他加盟捷达投资管理公司（Cheetah Investment Management），担任主席一职，并根据价值投资原则，与合伙人在亚太区推出了不同主题的价值投资基金产品。

"挑选优秀基金经理是一门艺术。过去十七八年间，我与不同人物合作而取得经验，所以我已懂得从身体语言上识别出哪些是认真实践价值投资的基金经理。对我来说，了解他们的想法和洞察力已是一种潜移默化的能力。"

"我相信，优秀的基金经理可以带来长线的价值。我们除了参考他们最近的业绩记录，也要认清他们真正的性格和行事作风。即使某基金经理的性格和投资策略都合乎常理，他的业绩也会受到经济周期影响而表现逊色。因此，耐心及长线投资定力是不可或缺的。"

成为价值投资者

叶维义居于香港，目睹外地投资者因预期中国经济增长的乐观前景而注入大量资金，亲身体会到全球一体化的意义。"全球一体化的概念令世界变得愈来愈小。互联网也将年轻一代的心态融合汇聚起来，所以我们不应过分强调东西方之间的文化差异。"

"从投资层面来说，西方已发展了一套价值投资法，而亚洲在投资文化及思维模式方面的发展仍处于起步阶段。明显地，价值投资是很好的策略，但一般投资者仍须经过一段时间去了解当中的原理。此外，亚洲人花在物业上的金钱往往与储蓄不成正比，所以股票市场其实仍有很大发展空间，尤其当中国大陆地区新崛起的中产阶层开始将资金投放于股票上。"

前瞻未来，叶维义感到忧虑的是全球的不稳定性。例如，自2008年雷曼兄弟公司倒闭后，政治因素比经济因素的影响力更大。无奈，政治失误所引起的后遗症，可随时令世界经济陷入混乱局面。

"对很多情况而言，经济学家大多都提出良好的建议，但他们的一些建议往往被政治压力及不同政治动机推翻。世事无常，各国经济市场的关系比从前变得更紧密，令市场变得更动荡。但是，市场的动荡只是不同程度而已。基本因素其实并无改变。因此，我深信价值投资在现今的经济体系中，仍然是非常恰当的投资方法。"

"作为价值投资者，我们以保守立场出发，重点是找寻投资的安全边际。当你着眼于下限风险，你便会更加审慎，形成一套属于个人的想法，而不再随波逐流。当你再不轻易被动摇时，你便慢慢培养正确心态，从而形成正确的投资策略。相反，如你并非从保守观念出发，你便偏离了投资原则，变得投机，令你犯错的可能性增加。"

多年来，叶维义每天早上4点起床，晚上8点30分就寝。这规律始于他在纽约工作时，起初，他只是为了早起上班，但后来他开始强迫自己每天早起少许时间，然后慢慢养成了这个沿用至今的作息时间表。

每天早上，叶维义用两小时处理电子邮件，随后便会到健体中心进行两小时的锻炼，之后阅读当天的报纸文章。在余下的大半天时间，他都会留在办公室与投资伙伴开会，或自我思考和阅读世界新闻。邀请叶维义共进午餐有点难，因为他不吃午餐。充其量，他只会喝一罐健怡可乐。每天下午六时，他便会回家吃饭。近年来，叶维义喜爱发掘有价值的红酒，所以他养成了每天品尝红酒的习惯。

尽管叶维义谦虚地拒绝承认自己是成功人物，但他无法否认自己是一位有价值的投资家。不仅在投资方面态度严谨，在个人健康方面也毫不轻率，他谦虚地解释自己往后的投资策略："现在，我的投资方案是不断发掘优秀基金经理，听取他们不同的建议。我很幸运，可以从工作伙伴身上学习。由于他们都比我出色，所以自己大部分时间都是在聆听，只是偶然会提出个人意见。其实，投资就是学懂知人者智、自知者明的道理而已！"

谢清海
(Cheah Cheng Hye)

惠理集团有限公司
(Value Partners Group)

第十二章
亚洲价值投资先锋

> 没有经过考验和磨炼的人生是没有价值的。
>
> 苏格拉底（Socrates）
> 古希腊哲学家

1993年，谢清海合伙创办了惠理有限公司，致力于在亚太区发掘表现落后的公司或被忽略的投资机会。谢清海现任集团主席兼联席首席投资总监，负责监督集团整体业务运作，并参与管理公司不同类型的投资基金。

曾被《亚洲投资人》(*Asian Investor*) 及《亚洲金融》(*FinanceAsia*) 等杂志选为"资产管理行业最具影响力人物"之一的谢清海，现正逐步把惠理打造成世界顶级的投资公司。谢清海通过建立一套系统完善的投资机制，让投资团队有条理地发掘被忽略的价值投资机会。"坚守价值投资方针"是公司的格言。

惠理基金现时（2011年）是亚洲最大的资产管理公司，管理资产总值72亿美元。公司旗舰产品惠理价值基金（A单位）自1993年4月发行至2011年12月止，总回报率为1 756.4%，或年均回报率16.9%；而恒生指数（Hang Seng Index）同期的总回报率是262.4%，或年均回报率7.1%。

谢清海说:"终身学习是我的人生目标!在我25岁那年,我发觉自己对世界的认识尚浅,所以我把自己的签名改为'Learn'(学习),希望每天谨记学海无涯的道理。要成为一个明白事理及负责任的人,我相信,唯一的方法就是不断学习,自我增值。"

曾有数次面临辍学,少年时代的谢清海深深感受到学习的宝贵。"1954年,我出生于马来西亚槟城的一个贫穷家庭。当时马来西亚属于第三世界国家,根本没有社会福利或生活保障。"

"在我12岁那年,父亲久病去世,令整个家庭顿失经济支柱。我们无法支付房租而被迫不停搬家,我和母亲、弟弟、妹妹差点儿饿死街头。作为家中的长子,我无奈要找工作以维持家计。每天我在街边摆摊卖菠萝,然后又卖面条。在忙碌的生活中,读书变成了工余的休闲活动。那时的我根本没有梦想可言,心里只想着如何过活。母亲对我的唯一寄望只是当写字楼文员,免得在烈日下辛劳工作。"

决心脱离贫穷的谢清海,自小便很用功读书。他获名校槟城大英义学(Penang Free School)的奖学金,有机会与最优秀的学生一起上课。每天骑90分钟单车到学校去,一天谢清海的单车不见了，被迫停学数星期，直至慈祥的伯父送了一辆二手单车给他，谢清海才能重拾课本。

"尽管读书生涯很艰苦，但在我不断努力下，也取得一点成绩。我得了全校棋艺冠军。我写的短篇小说被英国杂志刊登，更被誉为马来西亚最优秀的年轻作家之一。无奈在17岁那年，当我通过中学普通程度考试后，我被迫放弃学业，找工作维持家计。"

20世纪70年代，槟城的失业率高企，能找到一份比较好的工作极不容易。1971年，谢清海找到了唯一的工作，那就是在《星光日报》（*Star*）折叠报纸，每晚薪金三"零吉"（ringgit），大约等于现在的一美元。每晚疲惫回家时，整张脸和双手都沾满了黑漆漆的油墨，但谢清海仍很庆幸得到这份可以免费看报纸的工作。

"幸运地，工作了三星期后，我便升职为见习记者。《星光日报》的编辑得知我读书时获颁文学奖项，便分配了罪案新闻记者一职给我。当时没有人教我如何发掘罪案故事，我只能自己主动去找。我驾着电单车周游市镇，收听警察广播电台，并与不同人物聊天，希望可以找到新闻题材。我所写的故事内容，大都是综合调查资料加上自己的意见。我努力不懈，终于在1974年升为副编辑。"

感到在马来西亚的事业发展前景有限，谢清海当《星光日报》的副编辑时，也经常留意亚洲其他地方的发展机会。某天，《香港英文虎报》（*Hong Kong Standard*）聘请他为副编辑，他便毫不犹疑马上答应了。1974年8月，谢清海收拾行装，登上一艘货轮，向人生新一页进发。

年仅20岁对金融市场全无认识的谢清海，绝对想象不到自己会在19年后管理投资基金。"当时的我对将来并没有长远计划，我随环境和现实的波涛而行，只是抓紧每次来临的机会。当时我对投资全无兴趣，况且，我根本没有金钱投资。"

于《香港英文虎报》工作数年后，谢清海加入《亚洲周刊》（Asiaweek），接着又转投《远东经济评论》（Far Eastern Economic Review），最后加盟《亚洲华尔街日报》（The Asian Wall Street Journal）。起初只是报道一系列的本地新闻，但后来随着香港的亚洲金融中心地位日益牢固，他的新闻工作与时并进，把新闻焦点集中至经济及商业的层面上。

为确保报道深入而准确，谢清海阅读大量不同题材的刊物，以增加见闻。"通过访问亚洲政界及商界的杰出人物，我对亚洲地区的认识更深刻了。我领悟到，除非你能确切了解政治、社会、历史和财经的形势，否则在亚洲地区做生意绝非易事。"

"当时香港地区仍然在英国的统治下，而我的祖国马来西亚也曾受英国统治，因此我对英国的历史极感兴趣。阅读历史让我对亚洲政治有了更深刻的了解，并燃起我对金融的兴趣。掌握了财务模式和会计学之后，我从约翰·特雷恩（John Train）的《金钱主人》（The Money Masters）中认识到优秀投资者的投资之道。起初我研究这些课题只为成为更优秀的记者，到最后我却培养出对金融和投资的热情。"

平凡的记者会在事情发生后进行研究及报道，相反，优秀的记者则会在事情发生前进行预测及做好准备。"我在新闻工作中所学到的东西同样适用于投资。首先，要主动学习新事物并留意细节，因为良好的时事题材都是自己找寻的。其实，我们从周边读到和听到的信息繁多，当中有很多是没用的。因此，我们必须做好主次安排，注意力聚焦于重点之上。当你具备了知识及专注力，便会对未来发生的任何事有充分的准备。假如你是新闻工作者，你便能比同行更快掌握准确资料，向公众报道新闻。假如你是投资者，你便可以更快、更果断地把握面前的机会。"

知识和专注力为谢清海带来了丰硕的成果。1983年当他任职于《亚洲华尔街日报》时，他是报道港元即将与美元挂钩消息的首位亚洲记者。

同年，谢清海在调查香港大型企业佳宁集团（Carrian Group）期间，发现该公司有很多不清晰的会计账目，当中牵涉与马来西亚裕民财务（Bank Bumiputra）的很多不正当交易。在一连串戏剧性事件（包括会计诈骗指控、公司财务顾问自杀、马来西亚银行核数师被杀）之后，佳宁迅速倒闭。谢清海在《亚洲华尔街日报》撰写佳宁诈骗、行贿及贪污的刑事个案专题故事，结合了罪案调查和深入的财务分析，内容极具震撼性。

1983—1984年，谢清海专门调查香港银行业的舞弊丑闻，包括嘉华银行及海外信托银行的倒闭事件。1986年，他对菲律宾中央银行（Philippines Central Bank）展开调查，揭发了银行造假账事件。此外，他现场报道马尼拉群众大规模抗议，"人民力量革命"（People's Power Revolt）导致费迪南德·马科斯（Ferdinand Marcos）总统下台。

谢清海说："在新闻业工作18年之后，我发现自己对深入性的投资研究颇有天分。经过朋友介绍，我在新加坡与摩根建富（Morgan Grenfell）投资银行的亚洲区主管谢福华（Hsieh Fu Hua）见面，他问我是否有兴趣加入摩根建富担任投资研究员。我认为既无任何损失，又可以尝试新的工作，便离开了新闻业，摇身成为了股票分析师。"

从投资专卖店开始

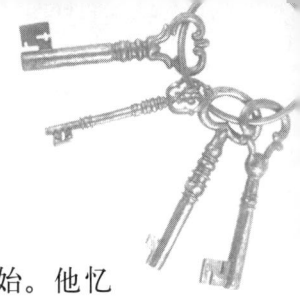

谢清海于1989年加入摩根建富可说是动荡的开始。他忆述："1989年，中国香港地区的整体经济比较动荡。幸好谢福华先生委任我担任股票研究部主管，也没有因经济环境而缩减我的薪资。"

"第一次跟谢福华先生见面时，他问为什么公司要聘请我。我回答他，所有股票分析师都为公司增加价值，但我的背景会令公司有意想不到的收获。我拥有新闻工作背景及广泛题材的研究经验，思想层面比其他人来得更透彻及丰富，所以我的专业有着特别的优势。"

"20世纪80年代的金融业是很舒适的行业。银行家和股票经纪都有很长的午饭时间，而他们只留意33只恒生指数成分股的走势，买卖这些股票的佣金收入已经可以维持很舒适的生活水平。不过，我并不只求舒适，我希望凭着自己对中小企的独到见解和专注力，走出一条与别人不同的投资路径。得到谢福华先生的器重，我便展开了全新的投资旅程。"

不断发掘投资机会的谢清海，在分析股票市场方面，不仅从财务角度出发，还同时考虑历史、政治及社会等因素，所以他比其他同行更准确地了解经济实况。正因如此，他为公司赚取了可观的回报，并获得意料之外的巨额年终奖金。

1992年，谢清海遇上了他未来的生意伙伴叶维义。"维义从美国回港后，打算为家族生意新昌（Hsin Chong）集团进行私有化。摩根建富代表了新昌的小股东，由我负责为他们提出一个合理的价钱。虽然我与维义站于对立面，但我很佩服他的智慧和真诚。我知道，假若我要创业，他一定是很好的商议对象，甚至是很好的生意伙伴。"

服务摩根建富数年后，谢清海认为是时候掌握自己的命运，便于 1993 年认真考虑开设自己的投资公司。他解释："老实说，我对金融业已经有点厌倦。原因是，当时行业内充斥着我称为'金融海盗'的人物，他们加入金融业并非因为热爱这个行业，而是他们都患上了'金钱病'，入行只为赚大量金钱。他们宁愿成为银行家而放弃当工程师或律师，但他们对金融业却全无贡献，实在是羞耻的行为。"

"举例说，医生赚取很多的金钱，同时也对医疗界有所贡献。相反，这些'金融海盗'赚很多的钱，却破坏了行业的价值，甚至伤害了散户投资者。他们甚至比索马里海盗更阴险，因为他们极难识别，并拥有高学历、背景良好、穿着得体，他们却只是在市场捕猎，设计并推销一些投资陷阱，推销一些投资者不应该购买或不需要的投资产品。"

为了避开金钱病，谢清海决意把注意力完全集中于投资上。他深信，只要方法和态度正确，他不需要刻意追逐金钱，金钱自然会来找他。所谓正确方法，就是价值投资法。"我把焦点放在金融分析及投资估值上，不会无缘无故进行股票买卖。惠理基金就是基于这个简单概念而创立的。"

谢清海把他的概念与叶维义分享。巧合地，他们的观点及见解相同，所以顺理成章于 1993 年 2 月正式合伙创办惠理基金。"今天当我与维义谈起当年仍会发笑。惠理在创办初期，只有我俩及一位秘书。我们用自己的金钱共筹措了 560 万美元开业。犹如经营一家玩具商店，有些人会卖珍藏玩具及模型车，我们则卖精确的投资分析及价值股票。"

建设价值庙宇

为了预防金钱病，谢清海希望透过个别选股为投资者带来真正的价值。专注于香港的中小型企业股，惠理基金的投资策略有别于当时大部分基金公司，惠理着重选股，而其他基金却只是为客户提供紧贴恒生指数的投资产品。

开业初期，谢清海及叶维义很快便清晰界定各自的角色。谢清海主要负责投资分析和选股，而叶维义则专注于融资工作。

谢清海解释："优秀分析师、出色的基金经理、称职的高层管理，三者之间有很大分别。纵使你具有投资分析技巧，并不代表你有基金经理应具备的决断能力。纵使你这两方面的能力都很强，你也未必擅长筹措资本和有效管理投资基金。因此，我和维义都非常幸运，彼此能互补不足，我们相处融洽，成为很好的工作伙伴。"

"维义是今天亚洲地区罕见的价值投资者。首先，他的出身背景良好，又建立了很好的人际网络。其次，他理解价值投资理论，而且懂得把这套理论应用于经营投资业务上。基金管理这工作性质是多元化的：第一，你必须建立良好的基金架构，小心管理资本。第二，你必须要与客户和员工打好交道。第三，你当然也要进行投资分析和管理投资组合。"

"我很幸运地可以与维义合作，他从不同角度脱离了过于理论化的价值投资者，而迈向成为现实型的价值投资者，把价值投资理念在亚洲转化成真实而有效的业务模式。"

凭着叶维义的强大支持及谢清海的投资智慧，惠理基金自20世纪90年代中后期开始崛起。随着公司招聘更多人才，谢清海意识到自己正站在建设亚洲价值投资文化的最前线。为了向公司员工灌输正确的投资态度和思维方式,他要求所有新入职者签署公司十项基本原则,名为"我的承诺"的协议书,并且必须把协议书装裱起来,放在桌上:

> 诚实而坦率;不以自我为中心,为投入工作而感到自豪;力求自我提升;以客户利益为先;对股东公平负责任;不搞办公室政治;保守秘密,保持机密;维护具创意的高价值方案及信誉;坚持采用简单易用、成本效益高的投资方法;专注于实际回报。

谢清海希望,签署"我的承诺"以鼓励所有员工做事合乎正道,活出受尊敬的人生。为了远离伪装的"金融海盗",他专注寻找具备"学习能力"和"教导能力"的人才。

他表示:"当我评选员工时,我会判断他们是否可造之材,意思是,他们是否愿意学习新事物,并把所学的教给其他人?有时候,好学生并不一定就是好老师,反之亦然。员工必须思想开明、态度谦逊、乐于分享,才可以两者兼备。"

"回想当记者的时期,每次开展新任务时,就如一张白纸。我会以简单易明的写作手法,令故事内容吸引读者。在这过程中,我不断寻找新方法提升自己的'学习能力',以及改善自己的'教导能力'。当了基金经理后,我发觉这两方面的能力对于投资工作也是十分重要的。"

本身是佛教徒的谢清海,把一些佛学渗入公司文化中,仿佛在亚洲兴建价值投资的庙宇。由于价值股是一些不受欢迎或被投资者忽略的股票,所以短期表现往往会落后于大市。因此,他常常提醒员工,要具备佛教基本教义中的锲而不舍和坚毅不屈的精神，在股票表现欠佳期间保持冷静。

佛学也强调无私精神。谢清海解释："要获得长远发展，我们必须懂得摒弃自我中心，放开'本我'。我不希望惠理的发展和业绩表现依赖任何一位投资明星。为避免出现这种依赖性，我们必须要有一套投资程序，并由一支高水平的团队负责执行，而且要确保这套程序是可学习、可教导、可重复、可扩展及可持续的。

"当然，这支团队需要有人做领导，但整个程序必须由全组人员负责执行。虽然每人有自己的局限条件，但组成团队可让我们专注于自己的长处，并把自己的能力充分发挥。我们最终目标是把这个投资程序工业化，把惠理变成一所产生价值投资方案的工厂。我们已经证明了团队合作可以跑赢大市，我相信，我们的程序是可重复及可转移的。"

工业化的投资程序

价值投资的概念源自西方，是著名价值投资者本杰明·格雷厄姆（Benjamin Graham）及沃伦·巴菲特（Warren Buffett）所拥护的一套投资框架。谢清海明白，他的贡献是把这概念调整至适合亚洲的投资环境。要建立有机制的投资程序，必须为团队定下原则，那便是挑选股票的3R：有合适的管理层（the right people），合适的业务（the right business）以及合适的价格（the right price）。在过程中，他把亚洲股票分成三大类：

1. 低估值而不受欢迎的股票。
2. 合理价值而受高度推荐的股票。
3. 高估值的股票。

谢清海解释:"我们主要是寻找第一类股票,或介乎第一类及第二类之间的股票。第二类股票大多是由股票分析师所推荐的,所以我们总对这些建议存疑。至于第三类股票,大多是传媒及出租车司机推荐的,所以我们从不考虑。我们的目标是买入第一类股票,等待它们变成第二类股,当它们开始进展至第三类时,我们便会沽出。"

这套方法听来很简单,实行起来时却颇具挑战性。"亚洲投资者不喜欢冒险买入不受欢迎的股票,所以这些低估值股票在亚洲市场的成交量可以是零,买卖程序是相当费力的。"

把股票分类并为有潜质股票进行价值估算后,下一步就对其业务进行深入研究。谢清海与他的团队为此设定了标准化的估值模式及比较指针,以便把股票与同业及跨行业的其他股票进行量化分析比较。20世纪90年代初,格雷厄姆的《证券分析》(*Security Analysis*)被视为团队的重要参考书。到了20世纪90年后期,他们便选用了马丁·佛德森(Martin Fridson)的《财务报表分析》(*Financial Statement Analysis: A Practitioner's Guide*)作为参考。

谢清海解释:"我们重视质量研究多于量化分析,因为亚洲区廉价股的业务大多是一塌糊涂,也就是格雷厄姆所称的'雪茄烟头'股('cigar butt' stock),只剩一两口可抽。纵使我以很好的折让价买入,但因这些企业缺乏持续性及竞争优势,所以仍是失败的投资。现在惠理专注研究企业的优势和核心竞争力。此外,我们团队每年进行大约2 500次企业探访,务求亲身考察企业的好与坏。"

一旦发掘到投资机会,谢清海和他的团队便会认真商讨,然后做最终的投资决定。"当牵涉投资决定时,总要有人发号施令,但这过程往往是团队的弱点。假如你请财经教授为一单10亿美

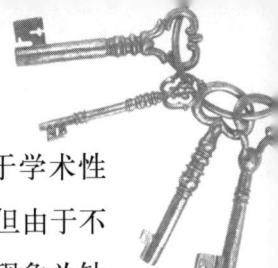

元的投资拍板,他大多难下决定,因为他的考虑太富于学术性了。有时候,作为分析师,明明清楚自己的理论正确,但由于不想结果出错而被责备,所以仍害怕做最后决定。我称这现象为缺乏猎杀本能。"

"为了避免出现这类犹疑不决的情况,我们从不因做错投资决定而责备任何人,但这不代表我们随意做决定。我们秉承佛家'无我'的教义,摒弃自我中心,纵使犯错,也不会介怀别人对自己的想法。总括来说,我们只是针对事实,然后做出客观判断。"

"我们并非战无不胜,也曾经犯错。1993—2012年,对决策程序分析显示,我们大约有三分之一的决定是错的,另外三分之一则介乎对与错之间,剩下来的三分之一就是完全正确的。为了要比大市表现更佳,我们必须把错误的亏损降至最低,所以会时刻监管我们的投资组合,从中识别好与坏的股票。在投资游戏中,保持谦逊的人会比假装聪明的人取得更大成就。"

在担任基金经理的早期,谢清海信奉集中持股法,不久之后,他觉得分散投资更为合适。"起初,我以集中持有30~40只股票而感到自豪,其后我发觉市场上有太多骗人的伎俩,那些消息看来合理且具说服力,其实都是损害股东利益的计谋。此外,不管是商业、经济,还是政治问题,亚洲企业的表现都会受外来因素影响。为了降低风险和亏损,分散投资是较聪明的做法。"

20世纪90年代,惠理的规模尚小,基金可直接从公开市场购入股票。随着公司管理的总资产增长,以及中小型企业股在公开市场上流动性的不足,购入这些股票几乎是不可能的任务。这难题令谢清海感到苦恼。

1998年12月,香港证券及期货事务监察委员会(Securities and Futures Commission, SFC)公开谴责惠理投资顾问公司及谢清

第十二章 亚洲价值投资先锋

海,在股市收市前对五只股票发出买盘指示,间接造成该五只股票以高价收市。证监会发表的声明说:"虽然谢氏并非蓄意行事,但他应知道以这种方式进行买卖可能会影响该批股份的收市价,以及可能会损害市场的正常操作。"

谢清海解释:"在今天的市场环境,确实很难解释在1993—1999年期间集中投资于小型企业股的难处。这些股份就像私人股票一样,在交易日常常录得零成交量。然后,自1997年爆发金融危机至1998年期间,差不多所有的买家和卖家都消失。我们尝试在市场放售或买入这类小型企业,根本没有承接人。"

"对公众而言,那时候我们似乎在操纵股价,但事实远比这简单得多。无论如何,我对此事负上全责,并向证监会解释我们的原因。虽然他们接受了我的解释,但仍对我们发出警告。"

谢清海从此事中得到了教训,重新检讨公司的投资程序,新增了一个团队专门负责处理股票买卖的工作。

"今天,虽然我们可以轻易在公开市场买入小型企业股5%～10%的股票,但我们会选择以惠理的规模和信誉作担保,直接跟股东商议整批购入股份。在美国,这种做法称为'私人投资公开股票'或'私募投资上市股票交易'(private investment in public equities, PIPES)。这种交易的美妙之处是,我们可以低于市场价格买入股票,或与该公司安排可转换债券。"

完成了买卖程序,谢清海与他的团队便会密切监察持仓表现。在这过程中,他会给团队成员一项类似新闻工作的习作,让投资团队猜想,持仓的公司会有什么新闻可以上头条。"我喜欢想象未来的事,猜想传媒在未来三个月或一年时间会对我们持股的公司做什么评价。投资不仅只看数字,也要有丰富的想象力,预测未来的走势。"

价值大跃进

回顾在惠理的岁月，谢清海觉得最难忘的是公司在2001—2002年时的总管理资产达到10亿美元的里程碑。他回忆道："当时，公司团队的意见有点分歧，有些人想把基金结束，维持小规模公司运作。另一些人则希望公司继续增长发展，然后让全世界知道，一家亚洲资产管理公司也可以持续赚到可观回报。后者也是我的意愿。"

"虽然我同意资产管理公司的卖点是它的业绩表现，而不是它的规模大小，但我仍支持公司继续发展。这个议题持续讨论了数月，最后我在这场辩论赛中胜出，胜出不是因为我是合伙创办人，而是因为我们的团队，已经设计了一套周详的投资程序。我们可以组成不同小组，各自采用同一程序，那就好像军事作战部队一样。"

"这方法让我们既可以维持小单位文化，整体也可以继续增长。今天，我们大约拥有六队小组，而每队小组有5～6名成员管理着他们的基金。这些单位是半自治形式的，因此，组员不会感到自己在大公司工作，这使得他们在工作上仍然求知若渴、充满热忱且富有革新精神。我们的座右铭是：'小而精，大而强'！"

作为惠理集团主席兼投资总监，谢清海不但需要负责领导和指引公司的发展方向，他也要具备宏观经济分析技巧。他说："作为公司的领导人，我必须不断吸收新策略和新见解，才能让公司更上一层楼。我不但要考虑公司的架构，而且要思考如何与宏观环境一起进步发展。假如我们在21世纪初决定结束基金而维持一家小规模公司的话，我们大抵会错失了亚洲及宏观经济的增长潜力。当我们面对竞争时，就如逆水行舟一般，不进则退。"

"执着于评估企业价值，我们把研究焦点集中于不同企业的业务性质。但作为领导者，我必须同时关注宏观经济因素，例如国家因素和经济前瞻，才能有效地指导我的团队如何适当地分配资产及投资组合。例如，当经济正在软着陆时，我们要增持现金，或把持股转移至更有保障的产业上。我们不能单纯留意企业的表现，而忽略了外围的环境因素。"

很多人认为谢清海是工作狂，但其实他也有放松的时刻。他每天坐禅40分钟，这既是兴趣，也是一种休息。坐禅不仅让身心调和，解除束缚，更有助释放心灵，达到由内而外所发掘出的潜在智慧，有助丰富投资决策的思维。

谢清海相信，他的成功部分是依靠运气。1978年12月，邓小平宣布推行开放政策，中国开始实行经济对外开放，在经济上倾向开放的市场经济，鼓励外来贸易，提高内地经济力量；接着于1992年，邓小平在南方谈话期间提出"致富光荣"。直至他1997年过世，他在数十年间不断推动农业、工业、国防和科学技术四项现代化的建设，为亚洲人创造了不少商机。

现在，谢清海与惠理团队一起向前迈步，竭尽全力推动中国金融市场的现代化。他总结说："中国经历了不少痛苦时代，尤其于19—20世纪时中国人曾被讽刺为'东亚病夫'，虽然近代中国在经济发展、消除贫困及城市化等方面已有长足进步，但其在金融体系的多个层面上仍处于婴儿期。"

"在未来的日子，中国的金融产业将会达到世界级水平，惠理和香港人都可以参与其中，为中国金融行业的进步做出贡献。作为价值投资者，我们的首要任务就是要向亚洲介绍价值投资的好处，保障他们不会受金融骗子的欺诈。"

第十三章
寻找价值

如果四周的人都失去理智，并怪罪于你，而你仍能保持头脑清晰；

如果四周的人都怀疑你，而你仍能坚信自己，并且原谅众人猜忌的心；

如果你愿意耐心等待，不急不躁；

如果你能坦然面对成功和灾难，并以相同心态面对胜负荣辱；

如果你与群众在一起时能保持谦逊态度，或与王者同行时不阿谀谄媚；

如果敌人或好友都无法对你造成伤害；

如果所有人都信任你，但不过分依赖你。

那么，这世界就是属于你的。

而更重要的是，你是一个顶天立地的人物。

拉迪亚德·吉普林（Rudyard Kipling）
英国小说家

撰写此书时，我回想起自己曾向可口可乐的总裁唐纳德·基奥（Donald Keough）请教成功领袖之道。他认为优秀领袖没有既定的特征或模范，他们以不同的姿态出现，所以很难对此立下概括定义。基奥的见解同样适用于分辨投资者。卓越的投资者也没有既定的成功条件，最佳投资法也没有什么绝对的法则。

香港惠理基金的叶维义（V-Nee Yeh）认为，很多投资者及投资书籍都喜欢谈论"正确"的投资模式，他却认为较恰当的做法是，先了解个人的个性及能力，然后据此选择适合的投资方法。"假若你能够保持冷静及耐心，选择价值投资法是绝对合适的；但假若你行事战战兢兢，好胜心强，那频繁及短线的投机模式可能是更好的选择。"

这本书的焦点是价值投资法，而被访者是来自世界不同地域的12位成功的价值投资人士。身为作者的我并没有排除另类的投资法则，也许只是价值投资更符合我的个性，因此书中的重点都放在价值投资上。在收集资料及撰写的过程中，我努力观察，以求掌握成为价值投资者的意义及必要条件，而我深信这一投资法则在不同年代及不同地域也能应用。本章为这个观察做一个总结。

投资：从谦卑出发

"谦卑"是形容受访的价值投资者的最贴切字眼。谦卑本身就是一种美德，但一旦套用于投资学上，它便变成了安全边际（margin of safety）及下限风险（downside protection），用来抵消不安的投资情绪。

吉恩·马里·艾维拉德（Jean-Marie Eveillard）认为，谦卑是达到成功投资的必要条件，因为这种美德令投资者清楚知道自己并非战无不胜，而是会偶然犯错。"我承认自己无法掌握未来，所以投资的先决条件并非赚取巨大回报，而是避免亏本。因此，我的投资必须具备安全边际及下限风险。如果我的选择正确，那么终有一天能得到可观的回报。正如本杰明·格雷厄姆（Benjamin Graham）所说："对短线来说，股票市场是一个投票系统，得票越多的股票，价格就越高；但对长线来说，它是一个天平，最终会量出股票的真正价值。"

满招损，谦受益。谦卑的投资者不单为投资项目找寻安全边际，也非常豁达。马克·莫比乌斯（Mark Mobius）说："思想开明的人相信，世界在不断变化，所以你要不停学习新事物，才能与世界接轨，从而变得开明。你首先要放下高傲的心态，从谦卑出发。"

书中所介绍的价值投资者都知道，他们无法掌握世界。纵使赚取高投资回报是十分重要的目标，但保障投资者的资产及防止其资金贬值更为关键。为了实践这一使命，他们认为谦卑的态度也是令他们选择分散投资（diversification）的原因。

学懂分散投资前，我们必须懂得正确地分辨风险（risk）和不确定性（uncertainty）。风险牵涉可计算和可预期的结果，例如，玩扑克牌或投资股票都有风险，但玩家可以计算出成败的概率；相反，不确定性意味着不可计算和不可预期的结果，例如，没有人能准确无误地预测市场调整期或经济衰退的持续期。尽管投资者无法掌握市场上的不确定性，但他们可以测量投资风险的概率。

价值投资者选择分散投资并非由于投资项目存在高风险，而是由于世界有太多未知数。威廉·布朗（William Browne）相信，抗衡这种不确定性的唯一方法就是分散投资。"有些投资者问我，为什么要将资金分散投资在25只股票，而不集中于十只表现最佳的股票。诚然，我们实在无法肯定哪十只股票会有最佳表现，所以我们宁愿分散投资。"

众所周知，沃伦·巴菲特（Warren Buffett）的投资方法是集中持股（concentrated portfolio）。尽管沃尔特·施洛斯（Walter Schloss）同意集中持股易于管理，他却选择相对较谨慎的分散投资。他说："我发觉很多人都希望成为巴菲特，但他们并不知道，巴菲特不只是一位优秀分析家，也是一位对人对事都具有出色判断力的人。我了解自己的短处，所以我选择较轻松、压力较小的方法进行分散投资。"

在很多新兴国家，经济和政治仍处于不稳定状况，这使得优质企业来得快，去得也快，即使是最富经验的投资者都占不到先机，所以分散投资似乎成为必然之选。就如香港的谢清海（Cheah Cheng Hye）曾对我说："起初，我对集中持股这一策略感到自豪，但不久我发觉市场上有太多骗人的伎俩和消息，它们看来合理且具说服力，但结果都是损害股东利益的计谋，所以最终我选择了分散投资。"

在某种程度上，投资的艺术是怎样精明地分配投资比例。例如，身处伦敦的安东尼·纳特（Anthony Nutt）把投资基金分散至 100～110 只股票，用意是降低不明确因素，但与此同时，把投资组合的 40% 分配至十只他最有信心的股票上，这间接地把分散及集中投资融合起来。

相反，新加坡的丁玉龙（Teng Ngiek Lian）对选股较为审慎，所以他通常持有大约 30 只股票。他认为将时间和知识集中于研究认识的企业，可以令其对投资更有把握，所以集中持股令他更安心。虽说丁玉龙比书中其他投资者更为集中，但 30 只股票仍不算是小数目。柏顿·马尔基尔（Burton Malkiel）在其著作《漫步华尔街》（*A Random Walk Down Wall Street*）中提到，当一个投资组合包含大约 20 只数量相若及资金分布均匀的股票时，这组合的风险指数就会下降至大约 30%。由于丁玉龙的持股横跨亚太不同地区，所以其投资组合已做了很好的风险管理。

评估价值的艺术

阅读财经书籍或学习投资理论能让投资者学会计算一家企业的合理价值，但投资最重要的一课是学会怎样理性分析企业的营运及其商业元素的持续性和特质。西班牙价值投资者弗朗西斯科·柏拉玛（Francisco Paramés）声称，要进行投资分析，他最精密的计算工具就只是简单的计算器。他相信："投资不是你的计算价值程序有多精密，而是你对企业有多熟悉，以及衡量企业竞争优势的准确程度。"

艾维拉德同样认为，计算价值只是一项粗略估计的习作，并不需要得出一个准确的数字。假如投资者尝试建立一套精密的投资程序，企图更精密地计算某企业的价值，这似乎过于费力了。同时，世界不断转变，而每家企业的实际价值也随之改变，所以投资计算的重点，是你对企业有多了解，以及在不同的经济周期中，你怎样评估价值。

艾维拉德在 2006 年退休后，便于哥伦比亚大学教授价值投资法。他察觉到学生用大量数据做投资价值分析，更以数十页文字解说分析结果。"我向他们强调，认真思考才是最重要，所以我要求他们仔细列出不多于四项的企业优势和缺点，那便足够确定一家企业是否安全及值得投资。"

有质量的分析不仅注重思考，还要配合适当行动。专业投资者的优势是可直接与企业管理层接触。卡汉兄弟集团的托马斯·卡恩（Thomas Kahn）说："假如一家企业没有任何变动，它那被低估的股票可以无限期地维持偏低水平。我们常问有什么催化剂能令企业复苏？要找出答案，直接与企业管理团队对话是最有效的方法。"

莫比乌斯每年穿梭于各个新兴市场，以寻求投资机会。他常常提醒自己，这些市场的金融数字并不可靠，"你必须与企业管理层直接对话，留意他们的言行举止，以决定他们是否值得信赖"。

投资灵感源于阅读

投资者常问，成功的价值投资者如何获得灵感，答案很简单，那就是不断自我增值，坚持阅读。弗朗西斯科·柏拉玛说明，投资思维建立于对世界的了解，而这是由个人知识和信息所积累得来的。他说:"你不可能某天突然醒来,便得到投资灵感,灵感是经过长时间学习不同的知识,有系统地加以整合、分析,抱着开明的心态从而启发出来的。"

托马斯·卡恩说,优秀的投资者都爱阅读,而他的父亲欧文就是最好的例子:"父亲看过成千上万的书籍,他尤其喜欢阅读有关科学的刊物,也正因他具有广泛的科学知识,所以他懂得放眼未来,期待人类的新突破,而很少回顾或缅怀过去。"

欧文·卡恩(IrvingKahn)忆述年轻时的岁月,他认为在20世纪30年代,投资者只要具备系统的投资策略,抱着长线投资的心态,便能找到好股票。时至今天,互联网的广泛应用导致商机处处,投资者不应再为选股而灰心。"1970年前,市场上只有少数行业的股份流通,现已有许多不同类型企业在不同国家上市,互联网令信息变得唾手可得。倘若你仍然投诉找不到投资机会,那是因为你根本没有认真观察,或你只是看得不够全面。"

在亚洲地区,谢清海的灵感来自其谦卑学习的精神。他相信,只要能够注意细节及有耐心地等待机会,心中所想的灵感总有一天会变成事实。像古罗马时代的哲学家塞内加(Seneca)所说:"运气是当准备遇上机会!"

企业分析,宏观视野,相辅相成

很多投资者普遍认为,价值投资只是单纯注意企业的基本因素,而不须顾及整体的经济环境。虽然在较发达的国家中,经济周期较长,所以注意力可集中放在企业素质,但新兴市场的经济周期较短,所以投资人士也要关注宏观层面。新加坡籍的丁玉龙相信,在亚洲,政策改变可以为地区经济发展带来巨大转变,机会来得快，去得更快，所以了解亚洲政治对投资尤其重要。

丁玉龙表示："股票价格可以没原因地疯狂涨跌。在持续动荡的市场中买入股票长线持有，容易表现不尽如人意。我并不是鼓励投资者进行频繁交易，但当市场表现良好或某股票已达到它的合理价格时，比较明智的做法是先将股票卖出获利，然后待市场调整时再次买入。"

日本在20世纪90年代出现经济通缩，这让史巴克斯集团（SPARX Group）总裁安倍修平（Shuhei Abe）明白要拓展视野和适应这"迷失十年"的重要性。安倍建议，投资者在不同国家应用价值投资法时，应做出适当的调整。例如，为应付日本的经济通缩，在股票市场不振的情况下，安倍把价值投资理念应用于长空投资策略（long-short strategy），同时以长、短仓持股获利。

即使日本的经济持续下滑，安倍凭着其新的投资策略仍取得了可观利润。他说："为了应对不同的经济环境，我们必须不断进步，以适应日本市场。这并不代表我们改变了对价值投资的理念及看法，我们只是改良策略，迎合日本的投资环境。"

自雷曼兄弟公司倒闭以后，近年美国和欧洲的价值投资者也加强了对经济及政治转变的关注。艾维拉德认为，现今世界可能仍然处于第二次世界大战后的经济及金融形势，2008年的金融危机已把全球经济带进了前所未闻的新景象。因此，他忠告价值投资者保持宏观视野，除企业分析外，也必须了解经济情况。

英国的纳特同意艾维拉德的看法，认为宏观经济措施在过去数年对全球股市有着重大影响。"我以宏观因素考虑经济政策，从而确定长远的投资方向。从这方向选择出优良的企业后，我们确保投资价钱合理，相信无论在什么经济周期下，这些投资都会有良好表现。"

离场的艺术

选股精湛和懂得沽货离场是一门艺术。本书中价值投资者的平均持股期为3～5年，投资着重于下限风险及安全边际，他们大多认为沽出股票比买入更难决定。

对纳特来说，投资最困难的地方并非判断股票价格，而是判断其他投资者能否对同一股票产生兴趣。假若一只股票被大市忽略，它很大可能长时间维持低估值。为减少持股时间所引起的焦虑，纳特以投资价值作为离场准则，当股票价格达到合理水平便会沽出。

欧文·卡恩和托马斯·卡恩同样避免受投资年期限制，他们认为耐心和自制能力是成功的钥匙。价值股很少在数月甚至数年时间内涨价，这并不代表它们表现欠佳，投资者在持有这类股票时不能过于短视。价值股的表现常常落后于大市，但当它们的真正价值被发现后，它的累积回报（cumulative return）一定令投资者喜出望外。

至于施洛斯，他则关注数字多于关注企业的潜力，当股价达到合理水平时，就会把股票出售，因此他经常过早沽出。由于他注重投资的下限风险保障，所以忽略了企业潜力的上限。

他说："人生在世，你不能总是对一些不顺利或不圆满的事情感到后悔；人生的挑战就是你不知道下一刻将会发生何事。我的目标是不要亏本，若我能够把握到那些股价上扬的股票，复式回报会展示出它的威力。"

在新兴市场，投资者需要具备与众不同的心态以准确计算离场时间。莫比乌斯的持股期最少五年。他解释："新兴经济市场的表现略欠成熟，投资者对牛市和熊市容易反应过大，所以我们着眼于股票的价值,当别人离场时,我们便入市;而当人人都积极入市时,我们就会离场。这便是新兴市场制胜之道!"

对于沽货的先决条件,叶维义往往会考虑再投资的风险(reinvest ment risk):"大部分人都低估了再投资的风险代价。即使你做了一项好投资,并且卖出获利,但最后你仍会将这笔金钱重新投资在市场上。优秀投资者与一般投资者的真正区别在于,前者总能想出再投资的好方法,以产生复式回报效果,后者却缺乏这种能耐。"

价值投资者的制胜之道

分别与12位投资者对话后,我相信,成功的价值投资者有赖于他们的心理素质。艾维拉德(Jean Marie Eveillard)曾经做出疑问:"为什么市场上的价值投资者寥寥可数?我相信是因为此法则需要具备耐心。从短期而言,价值投资者的表现大多落后于大市,所以他们必须克服这种心理障碍,耐心地等待股票回升。他们明白,价值是需要时间来反映的,而有此耐心的投资者却很少。"

同样,叶维义明白,任何投资都不可能获得实时回报,他认为价值投资的哲学,归根结底是与投资者的个性相连。"价值投资者是以保守立场出发,重点是找寻安全边际,基于这一概念,我们大多都是态度审慎、不随波逐流的人。这种性格是与生俱来的,不是单凭磨炼而成的。"

布朗(William Browne)相信,投资者大多被新闻消息影响而变得情绪化,这十分正常,当价值投资者面对传媒的意见和批评时,仍能表现冷静,当中的秘密可能就是智慧令他们客观地思考。本书中的价值投资者都相信，投资是半艺术半科学的行为。虽然我们需要具备基本知识以计算每项投资的价值，但更重要的是我们怎样思考，以及保持怎样的心理素质。

无奈，卓越的投资业绩并不只是一年或两年的优秀表现，而是可以在不同经济周期得以维持。施洛斯在他95年漫长而精彩的人生中，经历过18次经济衰退，他是以漫长时间来断定自己的表现及能力。最重要的，是其一生中的个人诚信和正直行为。在施洛斯过世后，巴菲特公开表扬他："他的投资业绩卓越，更重要的是，他在投资管理界树立了良好的典范。他如果不能为客户在投资上赚取可观回报，便绝不收取一分一毫。他的信托观念与投资技巧同样出色。"

总结而言，能以施洛斯为榜样，便是一位真正的价值投资者。施洛斯忠告："投资是有趣及富挑战性的，不应带来压力或过分忧虑。在瞬息万变的世界，采用价值投资法着实是保持平静心态的好方法。投资者只要着眼于安全边际、考虑长线回报，最终便可达到稳健投资目标，实现快乐和满足的人生。的确，格雷厄姆的话是最贴切的，投资者的最大问题及最恶劣的敌人，便是自己！"

The Value Investors: Lessons from the World's Top Fund Managers, 1st edition
by Ronald W. Chan and C. N. Greenwald
Copyright © 2012 by Ronald W. Chan and Bruce C. N. Greenwald
Simplified Chinese translation copyright © 2021 by China Renmin University Press Co., Ltd.
All Rights Reserved.

图书在版编目（CIP）数据

世界顶尖投资权威的告白：价值投资的真谛/陈惠仁.－北京：中国人民大学出版社，2013.9
ISBN 978-7-300-17148-7

Ⅰ.①世… Ⅱ.①陈… Ⅲ.①投资—通俗读物 Ⅳ.① F830.59-49

中国版本图书馆 CIP 数据核字（2013）第 154245 号

世界顶尖投资权威的告白
价值投资的真谛
陈惠仁 著
Shijie Dingjian Touzi Quanwei de Gaobai

出版发行	中国人民大学出版社			
社 址	北京中关村大街 31 号		邮政编码	100080
电 话	010-62511242（总编室）		010-62511770（质管部）	
	010-82501766（邮购部）		010-62514148（门市部）	
	010-62515195（发行公司）		010-62515275（盗版举报）	
网 址	http://www.crup.com.cn			
经 销	新华书店			
印 刷	天津中印联印务有限公司			
规 格	160 mm×230 mm 16 开本		版 次	2013 年 1 月第 1 版
印 张	13.25		印 次	2021 年 12 月第 2 次印刷
字 数	155 000		定 价	68.00 元

版权所有　　侵权必究　　印装差错　　负责调换